MODERN MACRAMÉ

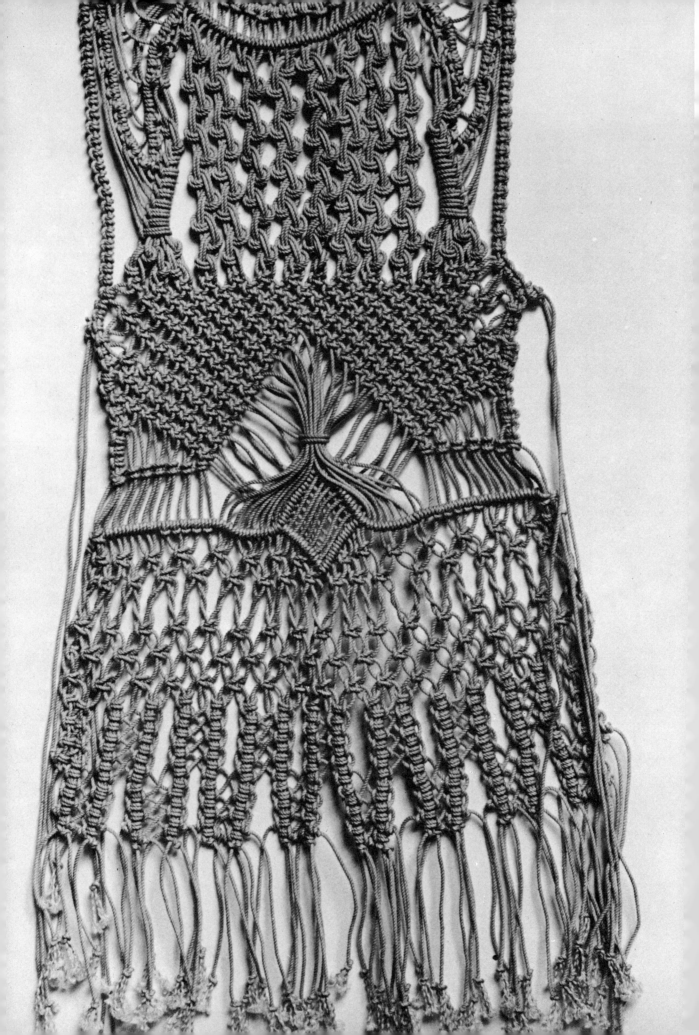

MODERN MACRAMÉ

PRAKTISCHE TOEPASSINGEN

EUGENE ANDES

UITGEVERIJ CANTECLEER / DE BILT

Alle werkstukken en ontwerpen in dit boek zijn van Gene en Ellen Andes.
De kleurenfoto's zijn van Larry Songy;
de zwart-wit foto's van Lynn Franklin en Murph Dowouis.

© 1971 by Litton Educational Publishing, Inc.
© Uitgeverij Cantecleer bv, de Bilt

Vertaling: Ingrid Nijkerk-Pieters
Oorspr. titel: Practical Macramé

Eerste druk 1972
ISBN 90 213 0609 3

Verspreiding in België:
De Internationale Pers, Deurne-Z.

Niets uit deze uitgave mag worden verveelvoudigd en/of
openbaar gemaakt door middel van druk, fotokopie, mikrofilm
of op welke andere wijze ook, zonder voorafgaande schriftelijke
toestemming van de uitgever.

INHOUD

1 Materiaal 6
2 Basisknopen 12
3 Leer in kombinatie met macramé 28
4 Twee eenvoudige ceintuurs 33
5 Een gordel van macramé 37
6 Fantaseren in macramé: nogmaals twee gordels 43
7 Een geknoopte hoed 59
8 Een geknoopte schoudertas 75
9 Een buidel met franje 93
10 Een geknoopte bikini 97
11 Vesten en jakken van macramé 107
12 Enkele losse opmerkingen 116

1 MATERIAAL

Het is de bedoeling van dit boek de beginneling een serie modellen aan te bieden, die telkens ingewikkelder worden en meer inzicht en handigheid vereisen, terwijl daarbij echter minder gedetailleerde uitleg hoeft te worden gegeven en steeds meer een beroep op u gedaan wordt om uw eigen kreativiteit te ontwikkelen. Want kreativiteit kan worden ontwikkeld, maar niet worden onderwezen.

Wat men nodig heeft voor macramé is niet duur. De materialen zijn overal verkrijgbaar en knoopgarens worden in allerlei diktes en lengtes in de handel gebracht. Als materiaal voor een jak, bikini, tas of hoed kunt u het beste macramékatoen 16/16 tot 16/40 gebruiken (dit is een nederlandse aanduiding voor de dikte van dit materiaal, waarbij dan 16/40 de dikste kwaliteit is). Voor gordels gevlochten katoenkoord van 2,5 tot 3 mm dikte. Gebruiken we andere materialen zoals wol, syntetische garens of vissersgaren, dan moeten deze ongeveer dezelfde dikte hebben.

De meeste garensoorten komen ongebleekt of in allerlei kleuren in de handel. Als het ongebleekt is is het bijna wit, zodat het meestal geverfd zal moeten worden. Als u dat van plan bent, wast u dan vooral het garen goed uit voordat u gaat verven. Dan kan de verf helemaal door het garen worden opgenomen. Bovendien worden zo de eventuele stijfselresten verwijderd en wordt de draad zachter. Het verven is met de overal verkrijgbare textielverf uiterst gemakkelijk. Een streng van 500 gram wordt in drie of meer losse strengen gewonden die losjes door een draadje bijeengehouden worden (afb. 1), zodat de verf vrijelijk tussen de draden door kan spoelen. We dompelen het garen goed onder in een plastic of geëmailleerde emmer of diepe kom, waarin de verfoplossing zit, die zo heet mogelijk moet zijn. Als de kant en klaar gekochte verf niet naar uw zin is omdat u de kleur niet mooi vindt, probeert u hem dan te mengen. Zelf meng ik wel drie tot vijf tinten voordat ik de juiste kleur heb - als ik bijvoorbeeld gelijke delen goudgeel, blauw en bruin neem, is het resultaat een veel mooiere tint groen dan ik ooit ergens kant en klaar kan kopen. Het is wel zaak zoveel garen tegelijk te verven, als nodig is voor een bepaald model. Het is bijna niet mogelijk later garen in eenzelfde kleur te verven, als men tekort komt.

Willen we de kleuren donkerder hebben, dan moeten we in de meeste gevallen het garen koken. We nemen hiertoe dezelfde verfoplossing als bij lichte kleuren en koken het garen een half uurtje in een geëmailleerde pan of emmer.

De overtollige verf moet zorgvuldig uit het garen worden gespoeld na het verven, tot het spoelwater geen of bijna geen kleur meer heeft. Daarna drogen we het garen op dikke pakken krantenpapier belegd met kleurloos toiletpapier of aan de waslijn. Houd er wel rekening mee dat het garen na het spoelen enkele tinten lichter wordt en na het drogen nog lichter.

We kunnen ook een stuk macraméknoopwerk verven en volgen dan dezelfde werkwijze. Wanneer u iets dat al geverfd was, een andere kleur wilt geven, dan doet u er goed aan om even met een restje garen in de oorspronkelijke kleur (een

afb. 1 Zo wordt de losgewonden streng in drieën gebonden voor het verfbad

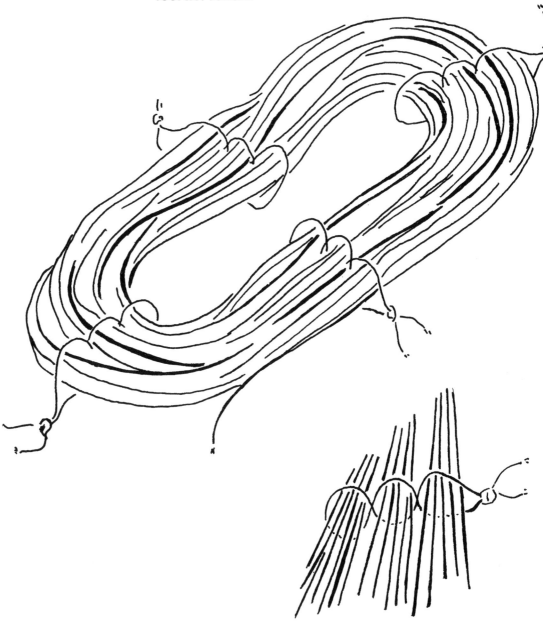

Losjes, met grote lussen, rijgen we de draad door de streng en binden de uiteinden vast

klein stukje afgehechte draad bijv.) te proberen of de nieuwe kleur naar uw zin is. Voorwerpen met franje kunnen het beste worden geverfd als ze helemaal klaar zijn. Wordt de franje van garen, dat vóór het maken geverfd is, uitgerafeld, dan is de binnenkant vaak wit, omdat de verf slechts gedeeltelijk in het garen kan dringen.

Nylon en syntetische garens winnen al snel veld voor het knopen van vis- en boodschappennetten, want het rot niet weg op den duur, zoals katoen. Voor het knopen van macramé hebben ze echter bepaalde nadelen. Het is vaak wat duurder dan andere garens of breikatoen, het is bijna niet te verven en we moeten het zeker dertig minuten een kookbad geven als we het in bepaalde tinten willen verven.
Macramé kan echter van alle mogelijke materialen worden vervaardigd, mits ze maar getwijnd zijn, niet rafelen en, vooral bij jakken, soepel vallen. In dit verband noemen we leren veters, stevig getwijnd hennepkoord, wollen garens, vissersgaren, tomatentouw.

De voorbereidingen Voordat we aan ons werkstuk gaan beginnen moet al het garen op maat worden geknipt. Dit gaat het gemakkelijkste wanneer we het garen rondom twee vaste punten winden, die op de helft van de vereiste lengte van elkaar liggen en het daarna doorknippen. De in dit boek afgebeelde jakken of vesten zijn van ± 900 gram garen gemaakt, dat in lengten van 4,25 m is geknipt. In mijn huiskamer zitten twee deuren op 2,12 m afstand van elkaar. Om de afgebeelde modellen te maken wond ik dus het garen om de beide deurknoppen en knipte het bij een der knoppen door. Wanneer er geen deurknoppen zijn die op ongeveer de vereiste lengte uit elkaar liggen, kunnen we lijmklemmen gebruiken, die we op de rand van een tafel vastzetten (afb. 2) of twee stoelen een eindje van elkaar zetten en het garen om de rugleuningen winden. Dat gaat ook heel best.
Al vrij gauw gaat het knopen u zo snel af, dat het garen geen tijd heeft om in de war te raken. Als u een beginneling bent kunt u echter voorlopig nog het beste de draden opwinden tot kleine kluwentjes, die u met een los overhands knoopje even vastzet, zodat ze niet afwikkelen (afb. 3). Dit moet dadelijk na het op maat knippen gebeuren. Voor heel erg lange werkstukken is dit zeker gewenst.
Als u nylon- of syntetische garens gebruikt, moet u de uiteinden van de draden even met een puntje lijm, bijv. bisonkit, collall of velpon, vastzetten zodat ze niet gaan rafelen.

Voor sommige werkstukken hebt u een knoopplank nodig. Grote modellen worden op een stuk spaanplaat gemaakt, dat ca. 2,5 cm dik en 60 x 90 cm groot is. U kunt de plank op uw schoot houden en eventueel tegen de rugleuning van een stoel laten leunen, of hem daarop vastzetten, net als bij een schildersezel. Aan deurknoppen of kapstokhaken kunt u ceintuurs knopen, maar het gaat ook aan uw grote teen. Kleine werkstukjes zoals buideltjes maakt u gewoon op de hand. En voor de beha van de bikini kunt u uw gebogen knieën als grondvorm nemen, wanneer deze de juiste maat hebben.

afb. 2   Dit is een lijmklem

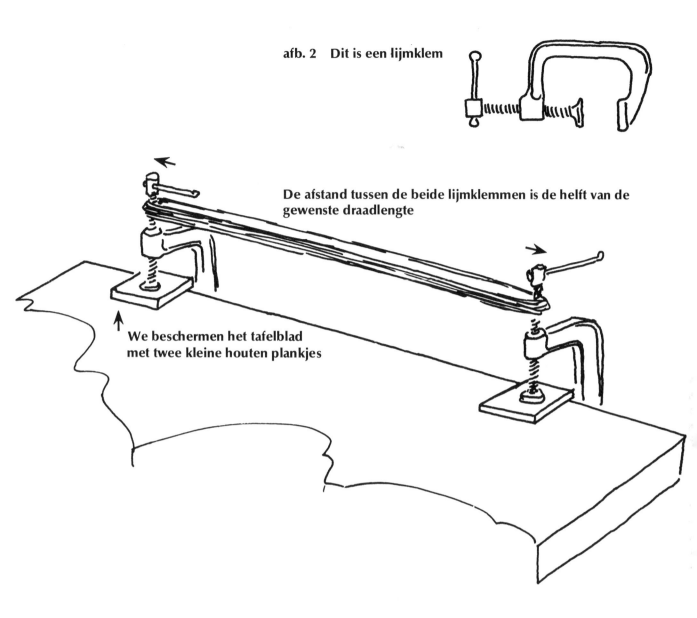

De afstand tussen de beide lijmklemmen is de helft van de gewenste draadlengte

We beschermen het tafelblad met twee kleine houten plankjes

afb. 3   Een overhands knoopje

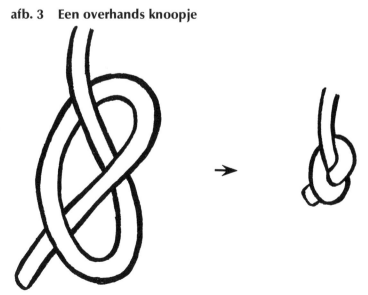

We tekenen het model dat we willen maken op de knoopplank en slaan daarin langs de lijn kleine kopspijkertjes. Op afb. 4 zien we een voorbeeld van een plank waarop een macramé-jak geknoopt wordt. Aan de onderkant van de plank zitten twee spijkertjes naast elkaar, die naar buiten omgebogen zijn. Daaromheen worden de beide draadeinden vastgezet. Dezelfde plank kan ook voor andere modellen worden gebruikt als de spijkertjes er niet te diep ingeslagen worden en gemakkelijk te verwijderen zijn als het werkstuk klaar is.

Het enige, enigszins eigenaardige stuk gereedschap dat ik zelf bij het knopen gebruik is een arterieklem. Dit instrument wordt door chirurgen gebruikt. Het is erg handig om draden door gaatjes in leer en kralen te trekken (afb. 5). Als u ertoe besluit er ook een te kopen, kunt u het beste de kleinste maat nemen.

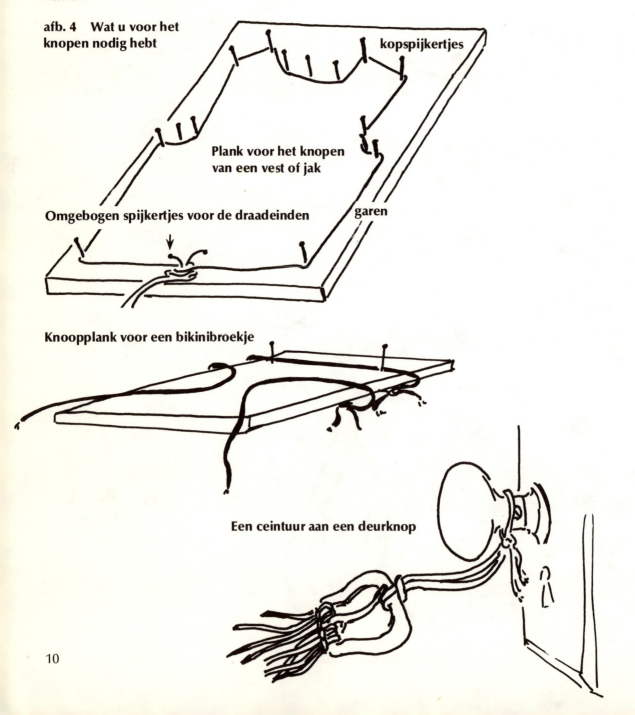

afb. 4 Wat u voor het knopen nodig hebt

afb. 5 Arterieklem

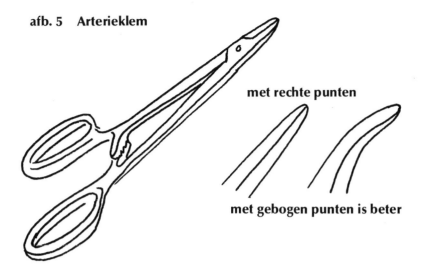

met rechte punten

met gebogen punten is beter

afb. 6 Bevochtig de draad, draai deze even in elkaar en trek hem met behulp van de arterieklem door de kraal heen

De arterieklem bewijst ook goede diensten bij draden, die door leer moeten worden getrokken

2 BASISKNOPEN

Macramé berust op een aantal basisknopen waarvan alle andere knopen min of meer zijn afgeleid. Het voert te ver, ze allemaal in dit boek te bespreken. Onze voorbeelden bestaan uit variaties en kombinaties van veel gebruikte basisknopen, zoals de platte knoop, de weitasknoop en enkele soorten cordonknopen. Als u aan de hand van de volgende voorbeelden netjes en nauwkeurig hebt leren werken zult u al gauw zo snel en handig knopen dat u ook ingewikkelde modellen met weinig moeite kunt maken.

Behalve allerlei knopen onderscheiden we bij het macramé-werk twee soorten draden: de werkdraden, waarmee we knopen en de leidraden waar we omheen knopen. Leidraden geven de werkdraden steun en richting. In sommige gevallen worden de lei- en werkdraden verwisseld en/of nemen ze elkaars funktie over.

Van de uitgebreide serie cordonknopen worden er drie in dit boek gebruikt. Cordonknopen kunnen in alle richtingen om leidraden worden geknoopt, maar ook versieren en verlevendigen we er werkdraden mee, of gebruiken we ze als afwerking. De eenvoudigste cordonknoop die u op afb. 7 ziet, is de festonknoop. Hij wordt om een leidraad heen gewerkt. Een iets uitgebreidere vorm van deze festonknoop is de ribbelknoop (afb. 8) die eigenlijk uit twee tegengesteld gerichte festonknopen bestaat; we passen hem vaak toe als werk- en leidraad elkaar kruisen. Zowel de voor- als de achterkant van deze knoop zijn leuk om te zien. In onze modellen kombineren we hem vaak met een festonknoop (afb. 10).

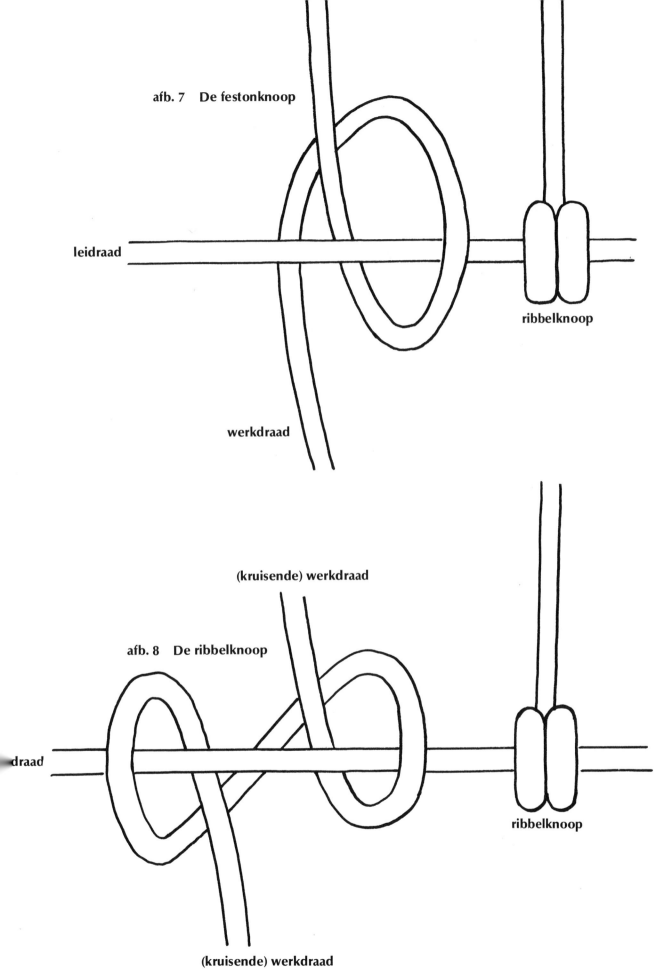

afb. 7 De festonknoop

leidraad

ribbelknoop

werkdraad

afb. 8 De ribbelknoop

(kruisende) werkdraad

draad

ribbelknoop

(kruisende) werkdraad

afb. 9 De ribbelknoop

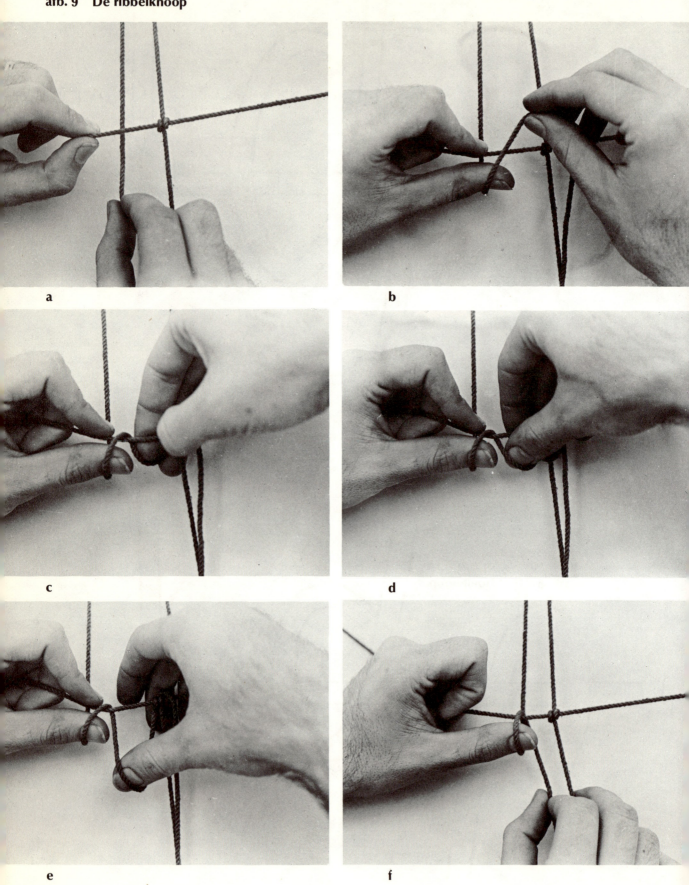

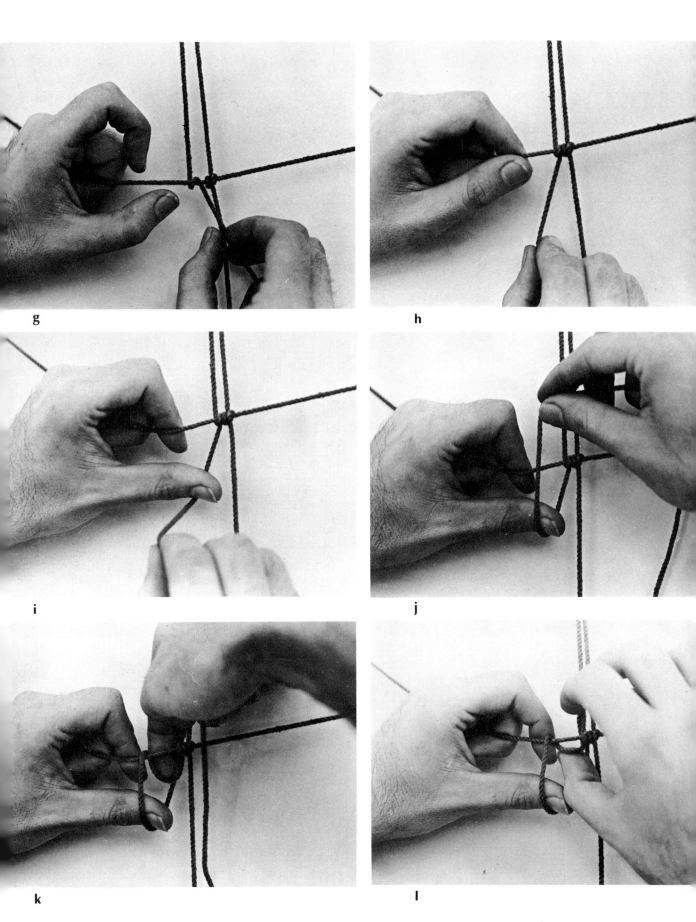

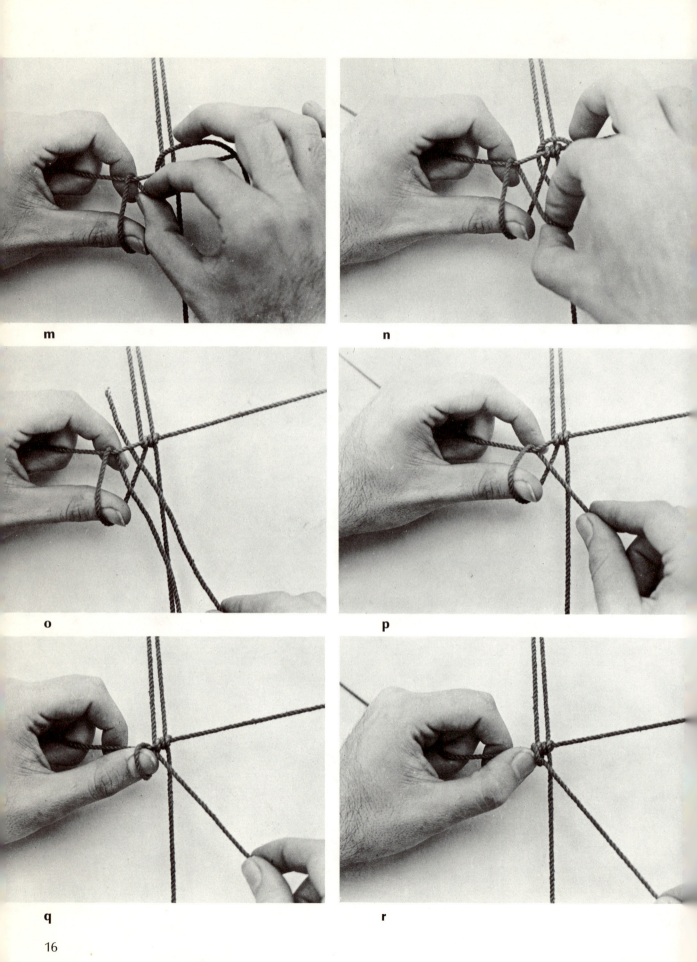

afb. 10 De ribbelknoop wordt gevolgd door een festonknoop

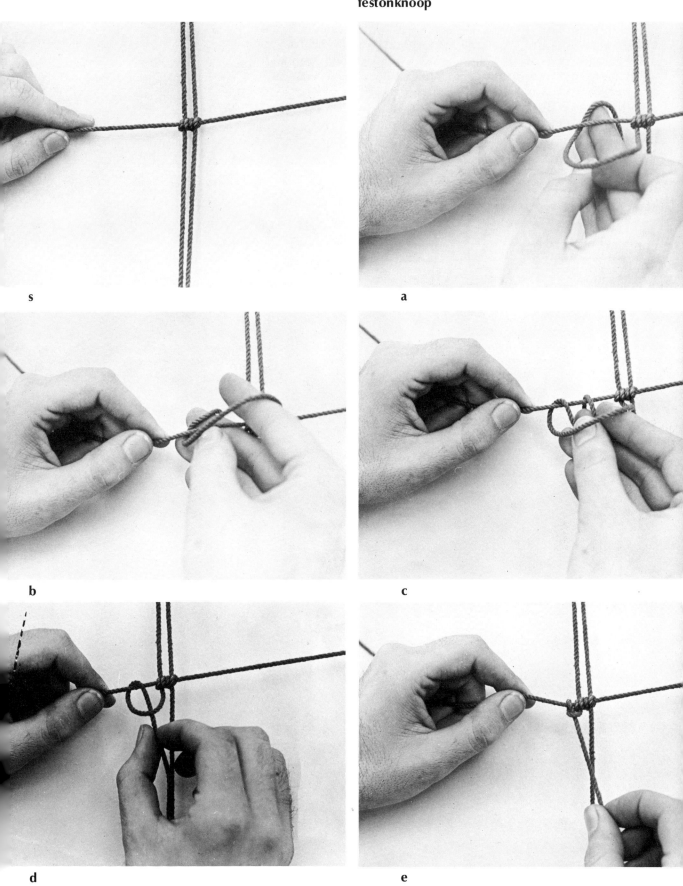

Een derde cordonvariatie is de aanzet- of frivolité-knoop, die eveneens veel weg heeft van de festonknoop (afb. 11 en afb. 12). De meeste modellen uit dit boek beginnen met deze knoop. We hechten er onze werkdraden mee aan de leidraden van de opzet. Ook worden met de frivolité-knoop wel zijkanten afgewerkt, en kale stukken werk- of leidraad.

afb. 11   De aanzet- of frivolité-knoop

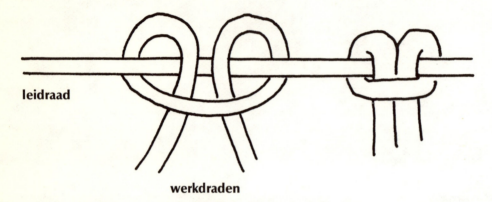

afb. 12   De aanzet- of frivolité-knoop wordt om de leidraad
van de opzet gelegd

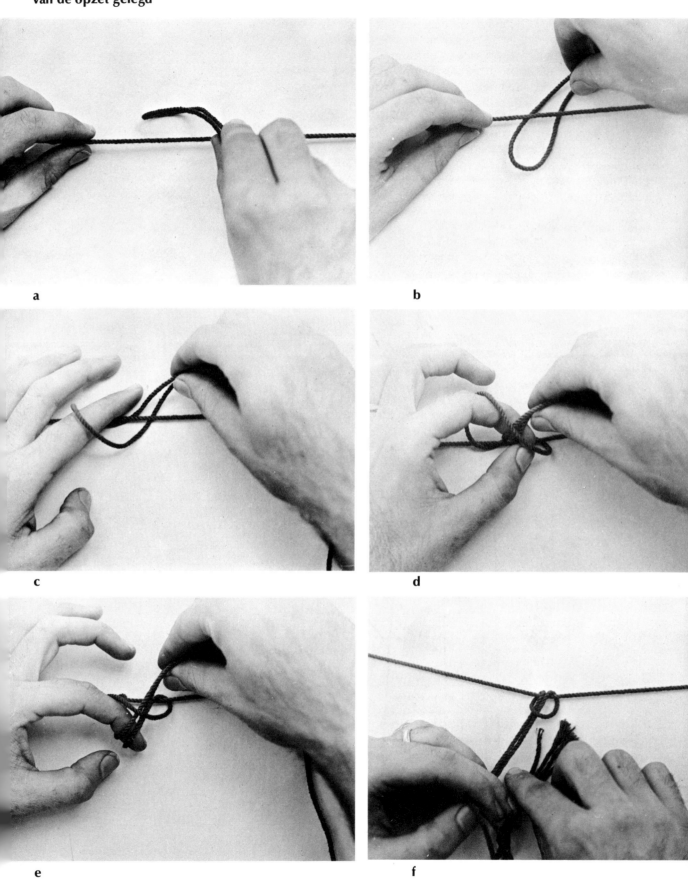

Twee knopen van een geheel andere soort, die om twee vertikale leidraden moeten worden geknoopt, zijn de platte knoop en de dubbele platte knoop of weitasknoop, die van de eerste is afgeleid. Meestal bestaan ze uit twee werkdraden en twee leidraden, maar er zijn variaties die met meer draden worden geknoopt, al laten wij deze hier buiten beschouwing.

Omdat de praktijk nog altijd de beste leermeester is, kunnen we de knopen het beste met vier draden oefenen tot we de slag te pakken hebben. Vandaar dat we op een knoopplankje om twee spijkertjes een horizontale draad als opzetdraad vast gaan maken. Vervolgens nemen we twee draden die we dubbel leggen en met de frivolité-knoop aan deze opzetdraad hechten. Er hangen nu vier draden omlaag, waarmee we de platte knoop en de weitasknoop kunnen oefenen. De buitenste draden links en rechts zijn de werkdraden; de middelste twee de leidraden. We beginnen met de platte knoop. Net als op afb. 13 zullen we voor het gemak de draden nummeren met 1, 2, 3 en 4. Leg de linkse draad (1) over de beide middelste leidraden heen (2 en 3) en achter de rechtse werkdraad (4) langs.

Vervolgens leggen we de rechtse werkdraad (4) achter de werkdraden (2 en 3) langs en laten die in de bocht tussen draad 1 en draad 2 naar voren komen, waarmee de platte knoop klaar is (afb. 14). De weitasknoop begint met een platte knoop, maar om deze te voltooien gaan we een platte knoop in tegengestelde richting leggen op de eerste - van rechts naar links dus: leg de rechtshangende draad (1) over de middelste werkdraden heen (2 en 3) en achter de linkshangende draad (4) langs; leg de linkshangende draad (4) achter de leidraden (2 en 3) langs en laat die in de bocht van draad 1 (rechts) weer naar voren komen (afb. 14 en 15). Daarna trekken we de weitasknoop aan.

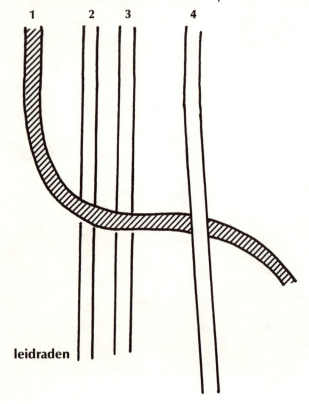

afb. 13

afb. 14 De platte knoop

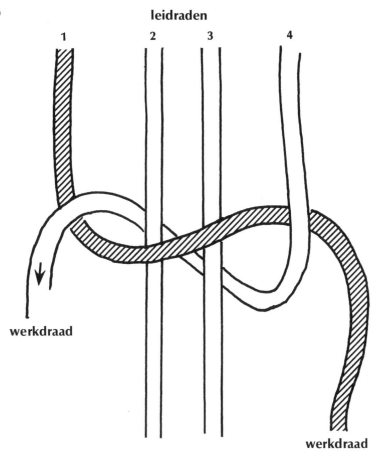

afb. 15 De weitasknoop

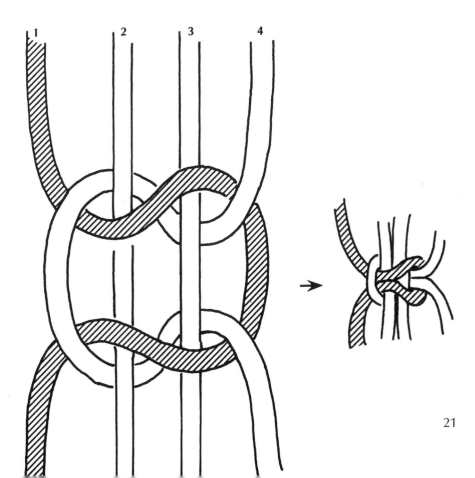

21

We kunnen nog variaties in de volgorde van het knopen met de weitasknoop aanbrengen, zoals later zal worden besproken. Dan krijgen we natuurlijk ook een ander effect.

Zoals u wellicht reeds hebt opgemerkt, eindigen al onze modellen met franje. Mocht u dit niet mooi vinden, dan kunt u de overblijvende draden vrij dicht onder de laatste rij knopen afknippen, ofwel ze naar de achterkant omvouwen en verwerken in een zoom of onder een tegengenaaid bandje.

afb. 16 De weitasknoop

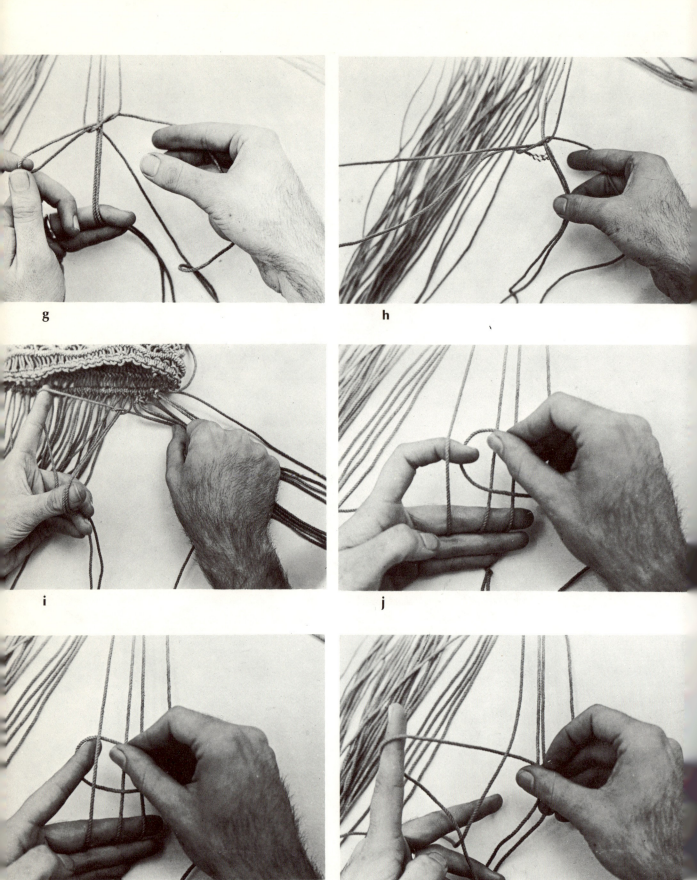

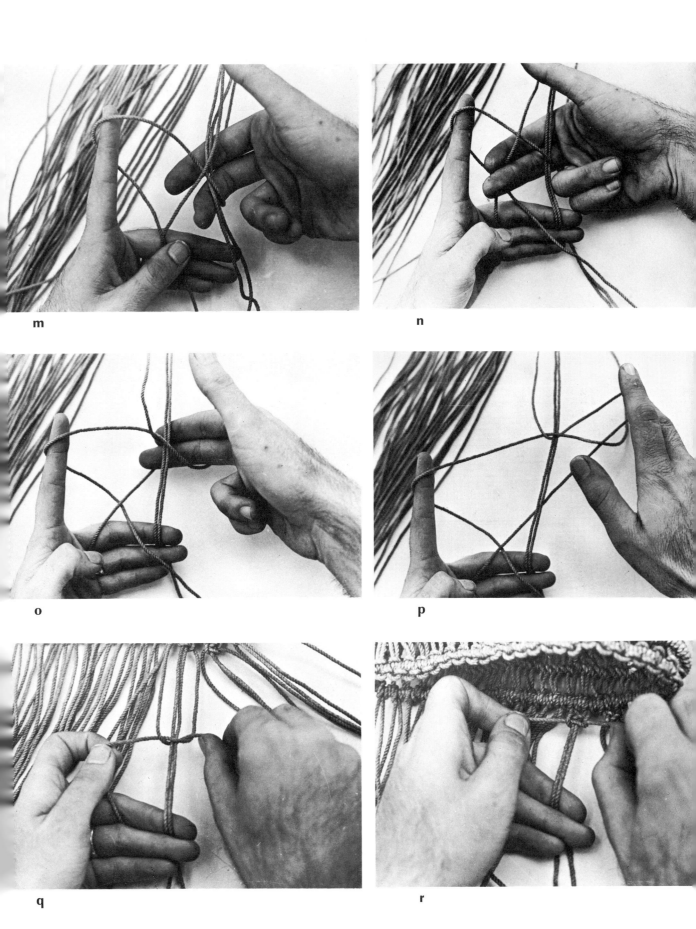

afb. 17 Een andere manier om de weitasknoop te leggen

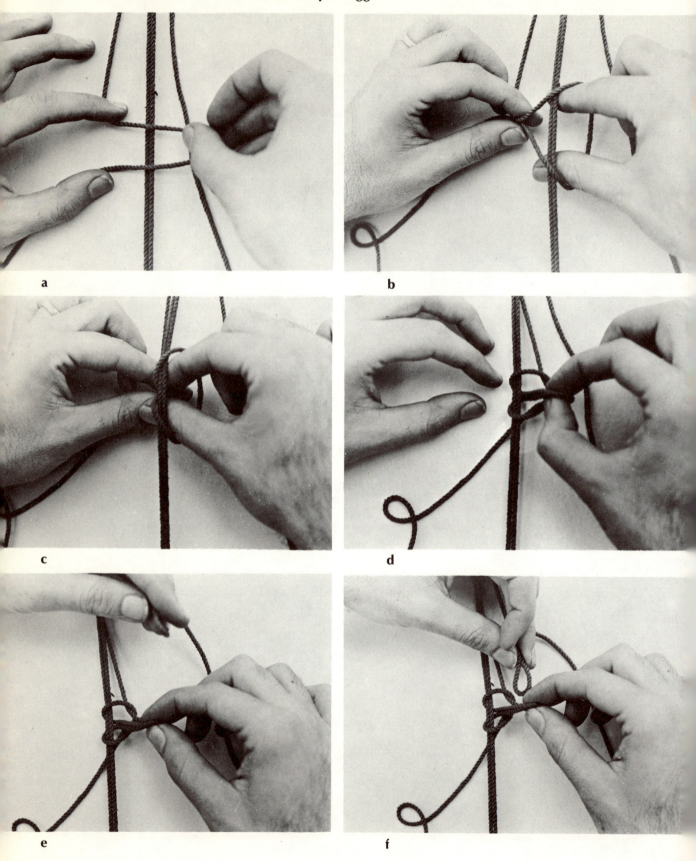

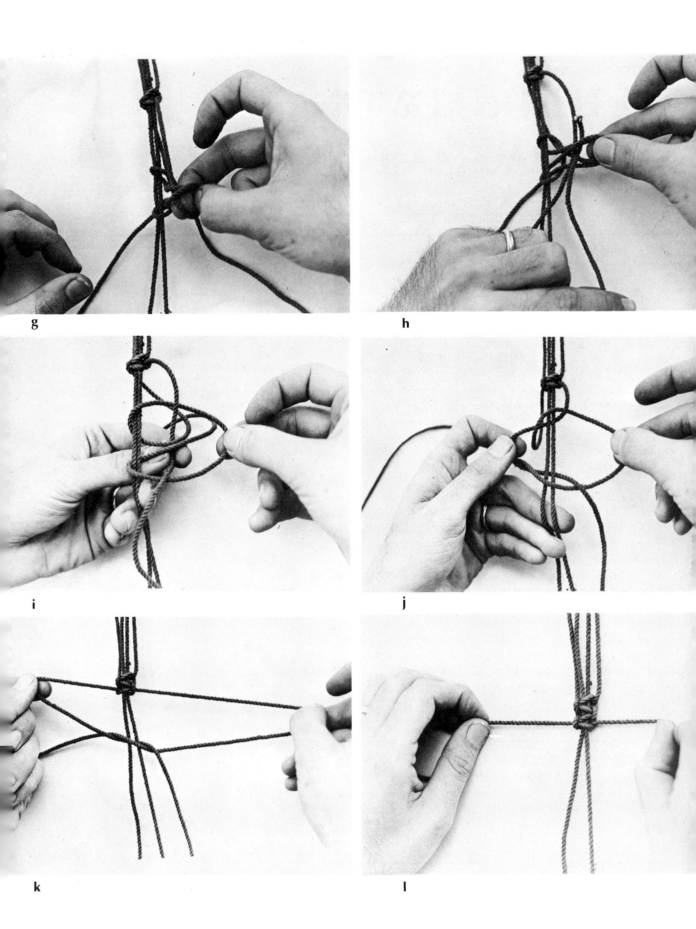

3 LEER IN KOMBINATIE MET MACRAMÉ

Ons macraméknoopwerk kan in veel gevallen bijzonder leuk worden afgewerkt met leer. Dit geldt voornamelijk voor gordels en ceintuurs. Verschillende modellen in dit boek zijn ook met leer afgewerkt. Daarom zullen we u in dit hoofdstuk enigszins op weg helpen en erin bespreken hoe u leren sluitingen kunt maken. Leer bewerken is gemakkelijker dan knopen!

Wat u ervoor nodig hebt is niet duur en gemakkelijk te krijgen. Uit oude leren ceintuurs kunt u voldoende materiaal halen om er meerdere gordels mee af te werken. De gespen kunnen desnoods ook nog wel dienst doen. Bij de schoenmaker of ateliers waar leer wordt verwerkt (tassen) is meestal wel leerafval te krijgen.

U hebt verder nog wat klinknageltjes nodig, liefst de tweedelige die speciaal bij leer worden verwerkt, maar gewone aluminium of koperen nageltjes voldoen ook. Om het leer te snijden kunt u een scheermesje in een houdertje of een Stanleymes gebruiken en voorts hebt u nog een ponstang nodig. Een gatentang voor leer is zo duur niet, maar u kunt zich net zo goed behelpen met een nagelvijltje, een priem of het boortje dat we op zakmessen meestal aantreffen.

Voor de afwerking van een macramé gordel of ceintuur snijden we een reep leer van ca. 30 cm lengte, die net zo breed moet zijn als de gesp. We snijden er een gleuf in voor de tong van de gesp en ponsen de reep leer naar beide kanten rond (afb. 18). We drukken de tong van de gesp er doorheen en vouwen het uiteinde van de reep leer om naar achteren. Dan ponsen we door de dubbele leerlaag twee gaten voor de klinknageltjes en slaan die er tenslotte in vast (afb. 19).

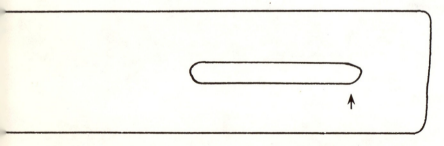

afb. 18 Snijd met een scheermesje een gleuf en pons de reep leer naar twee kanten rond

afb. 19   Een tweedelig klinknageltje voor leer

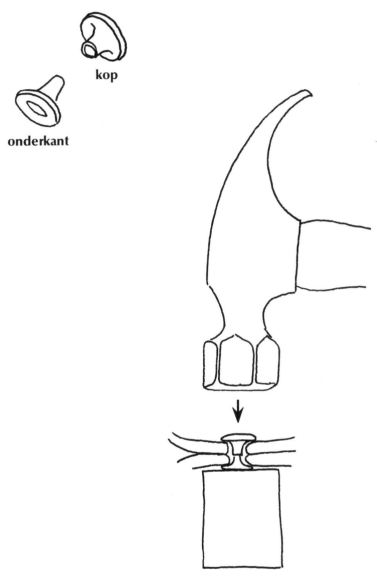

metalen aambeeldje of blokje

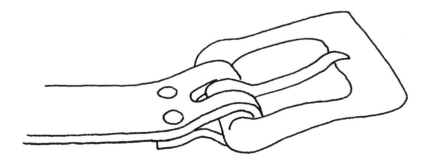

Wanneer u achter de gesp nog een lusje wilt hebben om de punt van het andere leren sluitstuk door te halen, zodat die er niet los bij bengelt, moet u nog een reepje leer snijden, van ca. 1,25 cm breed en zo lang, dat u het om de ceintuur heen kunt vouwen. Pons achter de gesp twee gaten op de plaats waar het lusje moet komen te zitten, pas het lusje om de ceintuur heen en pons er twee gaten in, die korresponderen met de gaatjes achter de gesp. Klink de ceintuur en het lusje aan elkaar. Sla flink met een hamer op het lusje, want ook de tweede klinknagel moet goed vast komen te zitten en het leer kan dit best hebben (afb. 20).

Daarna maken we het tweede sluitstuk voor de gordel of ceintuur: de punt die door de gesp heen moet (afb. 21). We ponsen er gaten in en halen daar de draden van het macramé-werk doorheen, die we aan de achterkant afknopen.

afb. 20

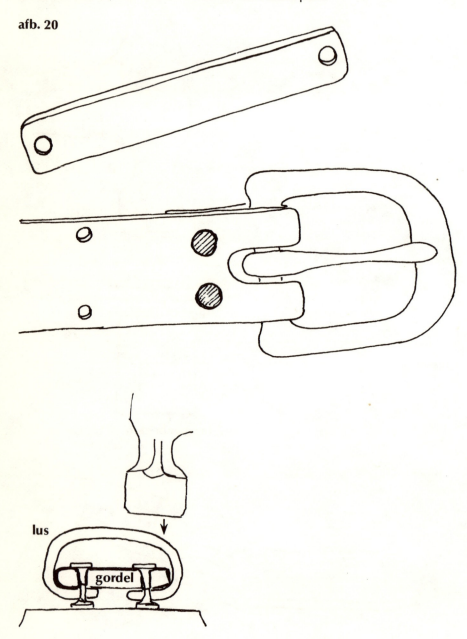

Op afb. 22 ziet u twee voorbeelden hoe macramé gordels of ceintuurs met leer kunnen worden afgewerkt. Bij het bovenste voorbeeld zijn de macramédraden van voren naar achteren door de sluitstukken gehaald en afgeknoopt. Vervolgens wordt de gordel met een veter gesloten. Deze mag van leer of gekleurd koord zijn, wat u wilt. Bij het tweede voorbeeld zijn de macramédraden eveneens van voren naar achteren door de sluitstukken gehaald, aan de achterzijde afgeknoopt en door de vetergaten weer naar voren gehaald. De gordel wordt gesloten door ze te strikken. Deze sluitingen kunnen zowel van voren als op de rug worden gedragen.

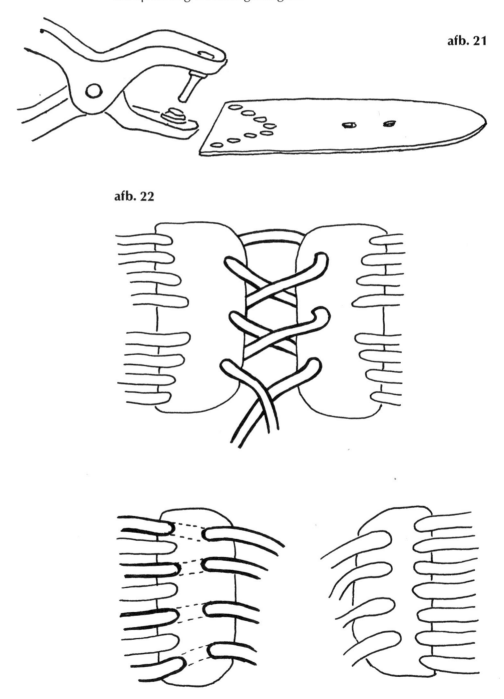

afb. 21

afb. 22

A

B

4 TWEE EENVOUDIGE CEINTUURS

De beide hiernaast afgebeelde ceintuurs zijn in de weitasknoop uitgevoerd. Deze is bij voorbeeld A steeds herhaald, maar in voorbeeld B is een kleine variatie toegepast. De beide ceintuurs zijn afgewerkt met leren sluitstukken en gespen.

Voorbeeld A Benodigdheden: twee stukken vrij dik macramékoord van 4,6 m lengte; een gesp en twee leren sluitstukken; wat syntetische lijm.

Maak de sluitstukken klaar en pons er langs een korte kant 4 gaatjes in voor de draden. Haal de draden zo door de gaatjes, dat er aan de buitenkant werkdraden van ca. 3,6 m lengte hangen en in het midden twee leidraden van ca. 1 m lengte. Knoop ze met de weitasknoop, totdat de gordel zo lang is als u wenst. Haal dan de draden door de gaten in het tweede sluitstuk, knoop ze af en knip vlak bij de knoop de overtollige einden weg. Druppel wat syntetische lijm op de knopen, zodat ze op den duur niet los gaan zitten.

Als u netjes en regelmatig hebt geknoopt moet de ceintuur na afloop helemaal recht en vlak liggen (afb. 24). Als de tweede helft van de weitasknoop wordt overgeslagen en u dus eigenlijk alleen de platte knoop telkens herhaalt, ontstaat het getorste effect dat u op afb. 25 ziet. Voor dekoratief macramé is dit heel geschikt en het wordt dan ook vaak toegepast, maar voor ceintuurs is dit uit den boze. De werkdraden draaien hierbij namelijk als het ware om de leidraden heen.

afb. 23 Twee eenvoudige macramé ceintuurs. De linkse (A) is in de steeds herhaalde weitasknoop gewerkt; de rechtse (B) eveneens, maar tussen de knopen in zijn de werk- en leidraden verwisseld.

Voorbeeld B Benodigdheden: twee stukken vrij dik macramékoord van ca. 7,3 m lengte; twee sluitstukken en een gesp; wat syntetische lijm.

Maak de sluitstukken klaar en pons net als in voorbeeld A gaatjes aan een van de korte kanten van elk sluitstuk. Haal de draden door de gaatjes. Ze moeten alle vier even lang zijn. Na iedere weitasknoop verwisselen we lei- en werkdraden. Daartoe leggen we de beide werkdraden van buiten achter de leidraden langs naar binnen en de twee leidraden over de werkdraden heen naar buiten (afb. 26), waarna we de weitasknoop leggen. Vervolgens leggen we de beide buitenste draden weer achter de middendraden langs naar binnen, waardoor deze middendraden buiten komen te liggen, op hun oorspronkelijke plaats. We herhalen dit tot de ceintuur de vereiste lengte heeft en werken hem net zo af als in voorbeeld A. Bij dit patroon ondervangen we een altijd weer opduikende moeilijkheid, die bij het macraméknopen aan de orde van de dag is: als we in de weitasknoop werken ontstaat er verschil in lengte tussen werk- en leidraden. Bij de gordel in het hierna volgende voorbeeld wordt de weitasknoop ook dusdanig toegepast dat wij dit probleem vermijden.

afb. 24   De weitasknoop

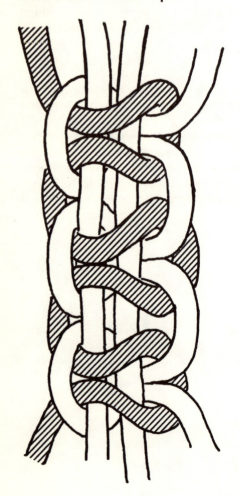

afb. 25   De halve weitasknoop ofwel platte knoop. Bij herhaling ontstaat een torsing

afb. 26   De lei- en werkdraden worden verwisseld

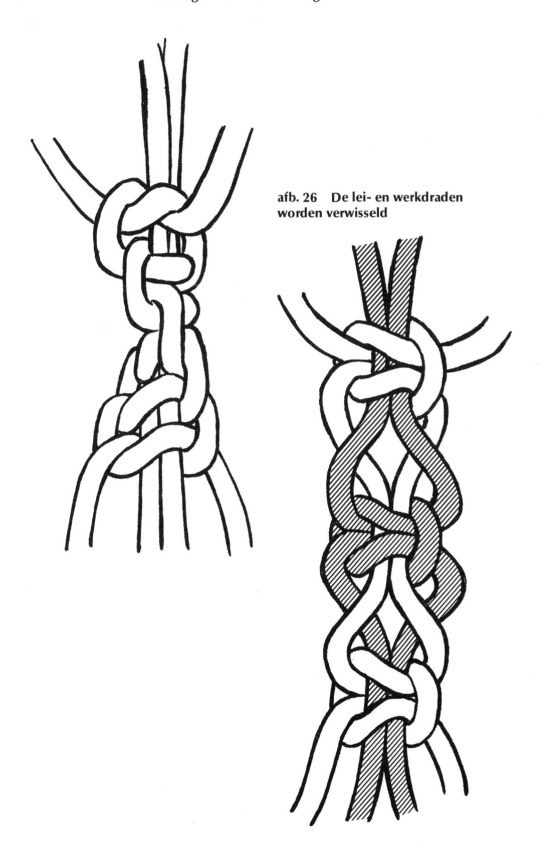

5 EEN GORDEL VAN MACRAMÉ

We kunnen de weitasknoop nog op een andere manier variëren door hem in plaats van van links, van rechts af te beginnen (op ons oude voorbeeld op afb. 13, met de rechtse werkdraad (4) inplaats van met de linkse (1)). We zullen de weitasknoop die met de rechtse draad begint in dit boek voortaan de rechtse weitasknoop noemen. Overal waar sprake is van de gewone, van links begonnen weitasknoop, staat geen nadere aanduiding.

Ons voorbeeld is een gordel zonder leren sluitstukken, maar als u liever wel met leren sluitstukken werkt, kunt u dat natuurlijk doen. En u verkrijgt het leukste resultaat als u draden in meer dan één kleur gebruikt.

Benodigdheden en werkwijze Vier draden vrij dik macramékoord van ca. 9,75 meter lengte en een gesp van 2,5 à 3 cm breedte. Bevestig aan weerszijden van de tong van de gesp 2 draden met de frivolité-knoop. Leg links van de tong een weitasknoop in de vier draden, en rechts ervan een rechtse weitasknoop. Deze knoopt u als volgt: leg de rechtse werkdraad over de leidraden achter de linkse werkdraad langs, de linkse werkdraad vervolgens achter de leidraden langs door de binnen-

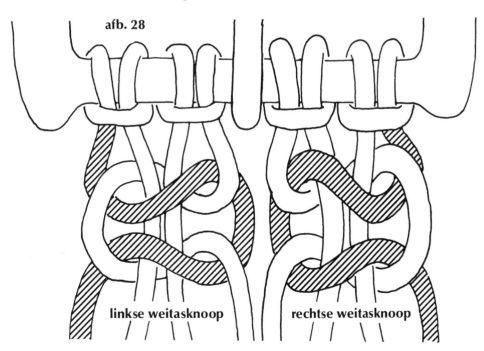

afb. 28

afb. 27 Een macramégordel waarin de gewone en de rechtse weitasknoop is toegepast

bocht van de rechtse werkdraad naar voren; leg dan de linkshangende draad over de leidraden en achter de rechtshangende draad; leg de rechtshangende draad achter de leidraden om uit de binnenbocht van de linkse draad naar voren (afb. 28).

Vervolgens nemen we de vier middelste draden en knopen daarmee een gewone weitasknoop (afb. 29). De beide draden links ervan en de beide draden rechts ervan verwerken we in een vertikale frivolité-knoop, waarbij we om de buitenste draad van elk van de twee overschietende draadparen de binnenste draad knopen (afb. 30).

Dit vormt het basispatroon voor de gehele gordel, dat wij herhalen totdat deze de vereiste lengte heeft. Met draden van de in dit voorbeeld aangegeven lengte vervaardigt u een gordel van 95-97 cm lengte.

afb. 29

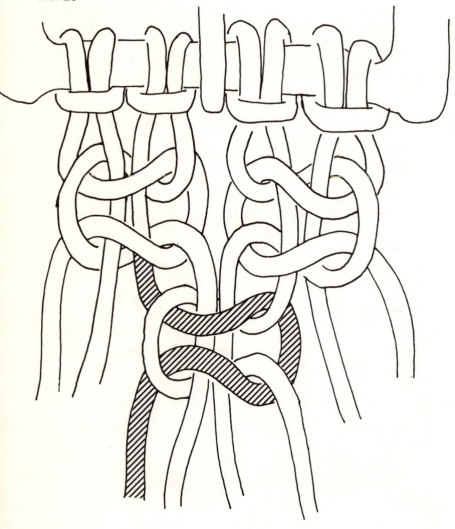

afb. 30

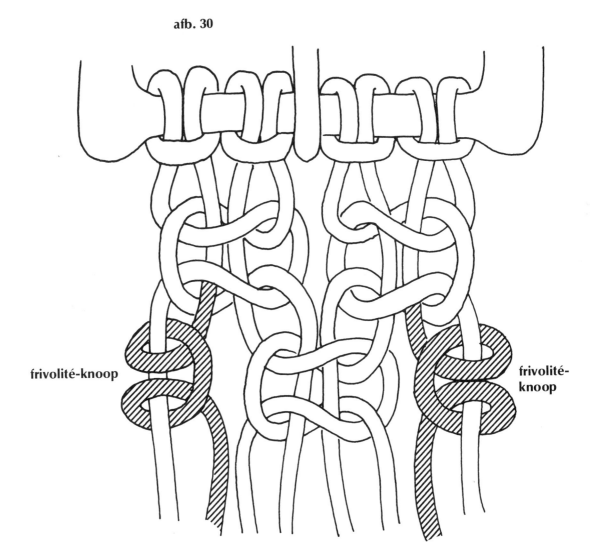

frivolité-knoop   frivolité-knoop

Na de laatste herhaling van het basispatroon gaan we de gordel afwerken. We leggen een gewoon overhands knoopje in de buitenste draden, vlak onder de frivolité-knoop en knippen de overtollige stukken draad af (afb. 31). Hetzelfde doen we met de beide werkdraden van de laatste weitasknoop (afb. 32). We houden dan vier draden over. De twee middelste beschouwen we als leidraden en we knopen met de beide buitenste opnieuw een weitasknoop. Daarna leggen we overhandse knopen in de lei- en werkdraden en knippen de overtollige eindjes af (afb. 33). Vergeet vooral niet wat lijm op de overhandse knopen te doen. Nu kan de lip van de gordel meteen door de gesp worden gestoken. De tong van de gesp prikt tussen de middelste leidraden in door de lip heen. Maakt u leren sluitstukken aan deze gordel dan kunt u de 8 vereiste gaatjes voor de draden in het smalle strookje ook diagonaalsgewijs ponsen, inplaats van recht.

afb. 31

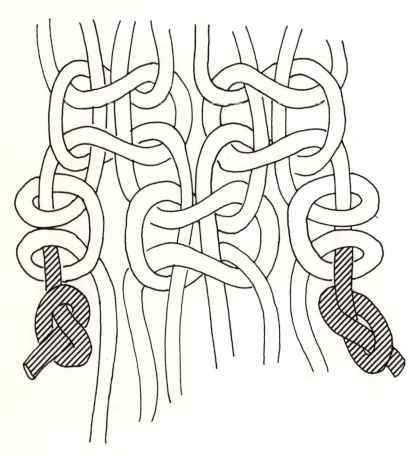

afb. 32

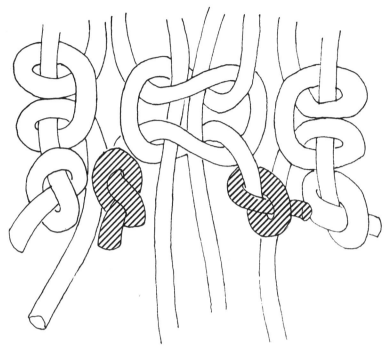

afb. 33

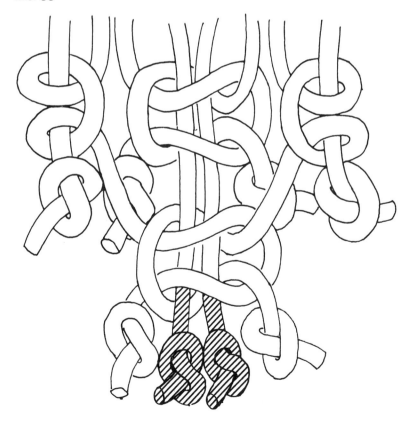

A B₁ B₂

42

6 FANTASEREN IN MACRAMÉ: NOGMAALS TWEE GORDELS

De twee gordels die we nu gaan bespreken zijn opengewerkt. We hebben hierin macramé en vlechtwerk gekombineerd. We kunnen voor de beide gordels nylonkoord gebruiken. De hoeveelheid is ruim genomen, zodat u desgewenst nog variatie in het patroon kunt aanbrengen, zonder bang te hoeven zijn dat u tekort zult komen.

Voorbeeld A Benodigdheden: vier draden nylonkoord of vrij dik macramékoord in een lengte van 4,25 m, een gewone met leer beklede gesp en leren sluitstukken.

Maak de sluitstukken gereed en pons er acht gaten in, waar de draden doorgehaald worden. Knoop links een gewone en rechts een rechtse weitasknoop (afb. 35) en vlecht de vier middelste draden daarna zoals aangegeven is in afb. 36. De twee draden, die aan weerszijden overblijven worden in een frivolitéknoop verwerkt (afb. 37). We herhalen dit patroon totdat het werk de vereiste lengte heeft, maar besluiten met twee weitasknopen (afb. 38).

afb. 35

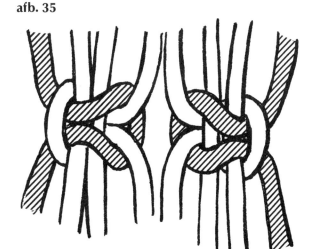

afb. 34 Twee macramé-fantasietjes: gordels waarvan de twee rechtse in hetzelfde patroon, maar van verschillend materiaal zijn gemaakt: nylonkoord (B1) en katoenkoord (B2). De nylongordel links (A) is gemaakt van macramé en vlechtwerk

Daarna trekken we de draden door de geponste gaten in het andere sluitstuk. Als u nylonkoord heeft gebruikt, moet u de uiteinden wel goed knopen en vastzetten met een puntje lijm, want anders glijden ze er gemakkelijk uit.

afb. 36

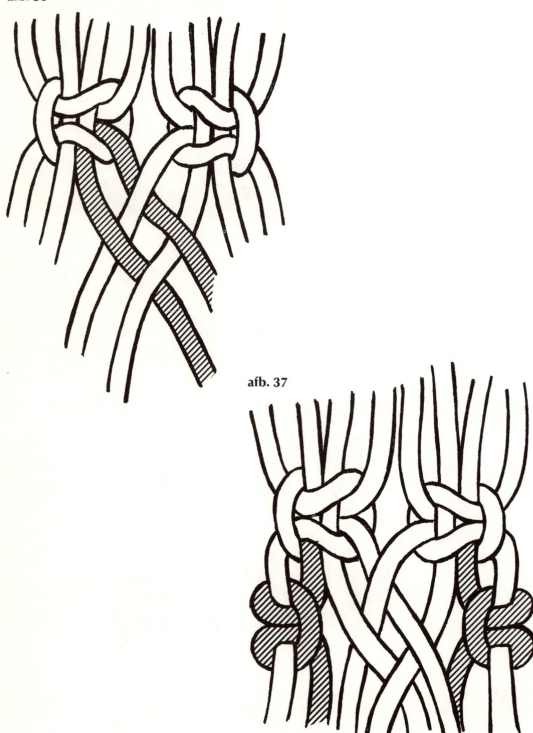

afb. 37

afb. 38

afb. 39

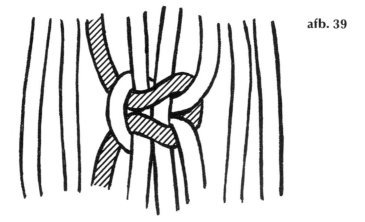

Voorbeeld B₁ en B₂   We werken met acht draden. De middelste vier worden in een weitasknoop gelegd op ongeveer 1,25 cm van het leren sluitstuk (afb. 39). Daarna wordt een rechtse weitasknoop gelegd met de linkse vier draden en een gewone weitasknoop met de rechtse vier draden (afb. 40). Vervolgens knopen we met de links- en rechtshangende paren draden twee vertikale frivolité-knopen (afb. 41) en vlechten de middelste vier draden. Daarna worden de linkse vier draden weer tot een

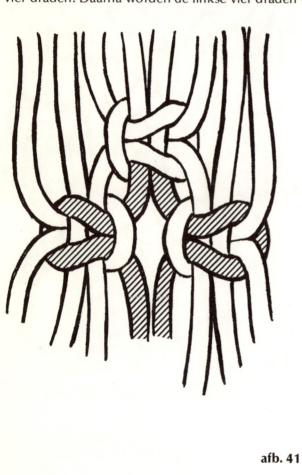

afb. 40

afb. 41

rechtse weitasknoop en de rechtse vier draden tot een gewone weitasknoop geknoopt (afb. 42). Het patroon wordt gesloten met een rechtse weitasknoop over de middelste vier draden (afb. 43), waarna de lei- en werkdraden van deze knoop worden verwisseld door de werkdraden over de leidraden naar het midden te leggen.

We herhalen dit patroon dat uit ovale medaljons bestaat. Als we het goed hebben uitgevoerd begint elk medaljon met een gewone en eindigt het met een rechtse weitasknoop (afb. 44).

We werken deze gordel net zo af als in voorbeeld A. Dit ovale medaljonpatroon is ook geschikt voor andere werkstukken. Het kan over meer draden worden gewerkt, als we er maar steeds voor zorgen, dat het aantal draden deelbaar is door vier.

Nu u dit werkstuk hebt gemaakt, zult u genoeg handigheid en inzicht bezitten om moeilijker en ingewikkelder knoopwerk te vervaardigen. Gebruik de nu geleerde technieken eens om zelf een aantal ontwerpen te bedenken. Daarna kunt u naar de gekleurde platen op de volgende bladzijden van dit boek kijken, die u wellicht op nog meer ideeën zullen brengen.

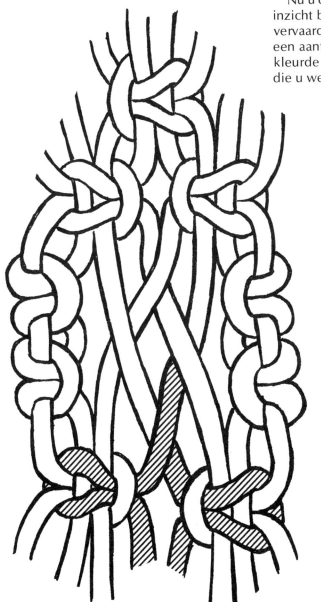

afb. 42

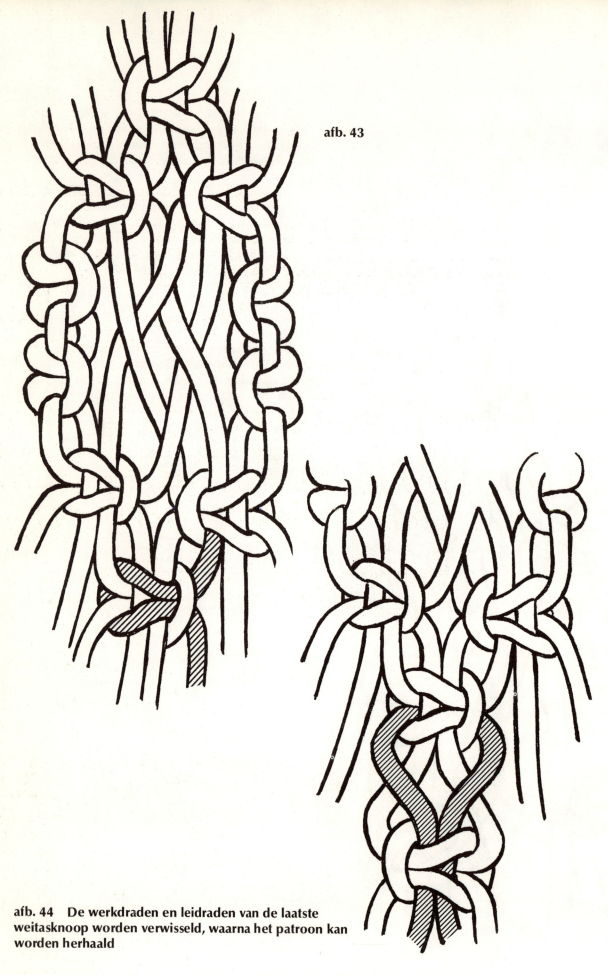

afb. 43

afb. 44 De werkdraden en leidraden van de laatste weitasknoop worden verwisseld, waarna het patroon kan worden herhaald

56

afb. 45 Drie variaties op de in ons hoofdstuk besproken geknoopte hoed (zie ook kleurplaat blz. 50). Wanneer u losser knoopt of grotere tussenruimten tussen de knopen maakt wordt de rand van de hoed wijder

7 EEN GEKNOOPTE HOED

Bij dit model knopen we in de weitasknoop koncentrische cirkels. Onder het knopen worden nieuwe werkdraden toegevoegd. Daardoor wordt de bol van de hoed steeds wijder. Dit werkstuk is moeilijker dan de dingen die u tot nu toe hebt gemaakt, maar het zal zijn vruchten afwerpen als u de techniek eenmaal goed en wel onder de knie hebt.

Benodigdheden en werkwijze Voor dit model zijn 80 stukken macramékoord nodig van 3,05 m lengte, van een gemiddelde dikte. Andere materialen zoals nylonkoord zijn ook goed te gebruiken. Het wordt zonder plank geknoopt.

U begint met vijf draden op te zetten. Leg de eerste draad in een cirkel op uw knie (afb. 46). Leg de overige vier draden voor het aanhechten dubbel.

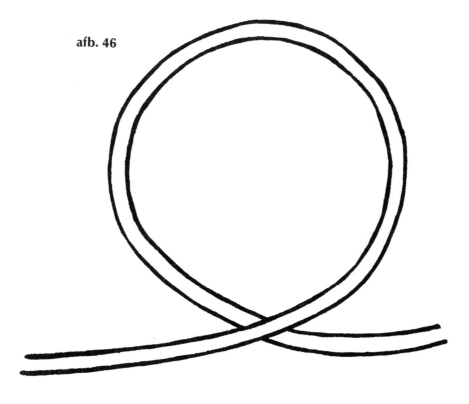

afb. 46

U gaat de vier dubbelgelegde draden met de frivolité-knoop aan de opzetcirkel bevestigen. Twee ervan worden aan de enkele opzetdraad bevestigd, en de twee andere komen over de dubbel over elkaar heen gelegde uiteinden van de opzet (afb. 47). Trek de opzetcirkel dicht aan de beide uiteinden van de opzetdraad. Leg de opzet zo, dat het gedeelte waar de draad dubbel loopt net als op afb. 48 en 49 links komt te liggen. Het ene uiteinde van de opzetdraad ligt nu naar u toe. Het wordt de leidraad voor de tweede toer. Het andere uiteinde, dat van u af ligt, gaan we later als werkdraad gebruiken. Nu voegen we (afb. 49) op onze nieuwe leidraad van de tweede toer een dubbelgelegde werkdraad toe, die we met de frivolité-knoop aanhechten. Dat is dus het eerste paar werkdraden van de tweede toer.

afb. 47

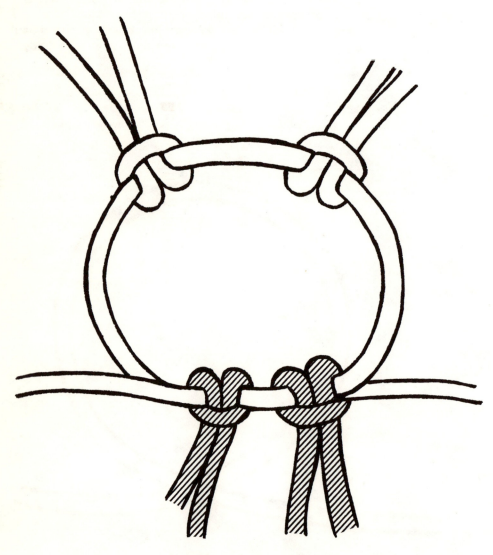

Twee knopen om de dubbelgelegde uiteinden

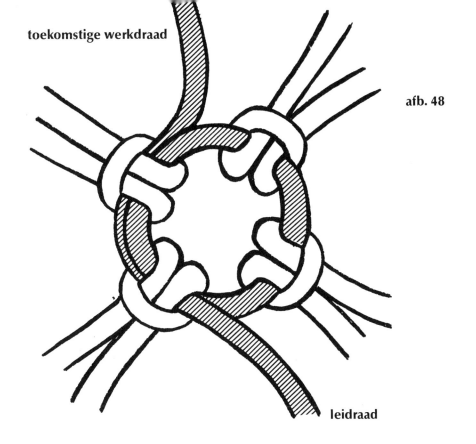

toekomstige werkdraad

afb. 48

leidraad

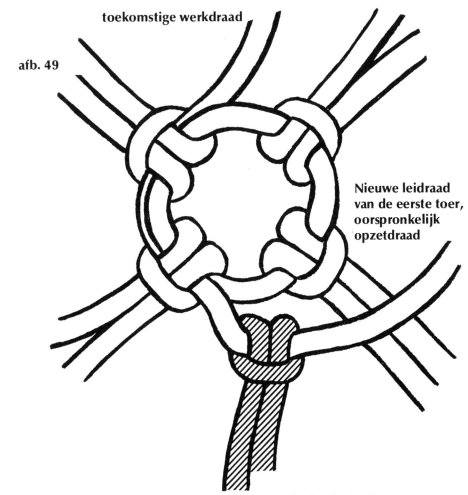

toekomstige werkdraad

afb. 49

Nieuwe leidraad van de eerste toer, oorspronkelijk opzetdraad

toegevoegde dubbelgelegde draden

Vervolgens komen we twee werkdraden van de eerste toer tegen, die met een ribbelknoop, gevolgd door een festonknoop, om de leidraad worden gewerkt (afb. 50). Daarna voegen we weer een dubbelgelegde draad toe en werken het volgende paar werkdraden dat we tegenkomen over de leidraad (afb. 51). We herhalen dit en voegen steeds tussen de werkdraden een nieuwe dubbele draad toe.

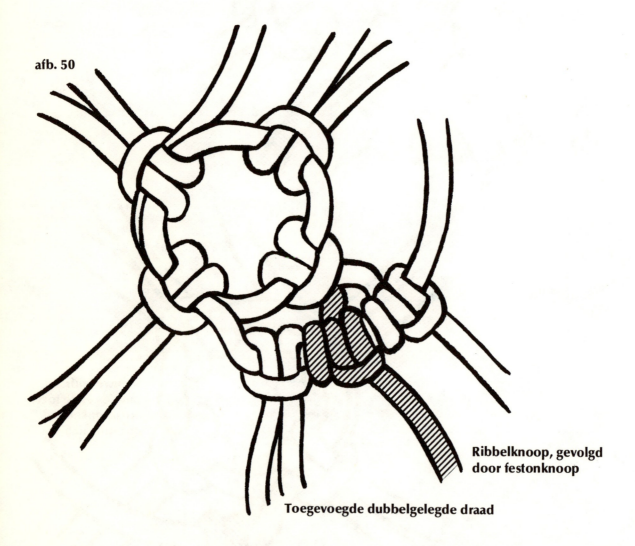

afb. 50

Ribbelknoop, gevolgd door festonknoop

Toegevoegde dubbelgelegde draad

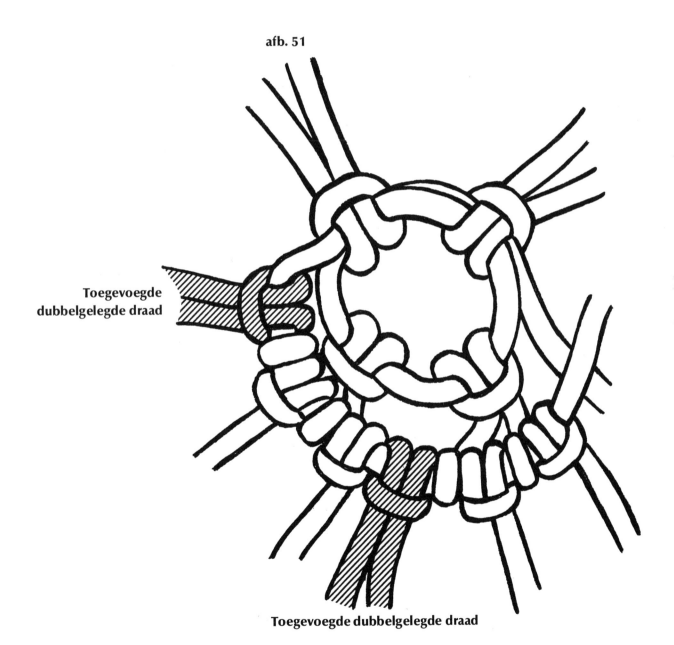

afb. 51

Toegevoegde dubbelgelegde draad

Toegevoegde dubbelgelegde draad

Tenslotte belanden we bij het andere uiteinde van de opzetdraad. We gaan die draad als werkdraad beschouwen en knopen hem dus eveneens met een ribbelknoop, gevolgd door een festonknoop, om de leidraad van de tweede toer (afb. 52 en 53). Nu moeten we oppassen! Hierdoor worden namelijk de nu volgende paren werkdraden gesplitst, want er moeten telkens twee werkdraden worden geknoopt voordat we een nieuwe dubbele draad aanknopen.

afb. 52

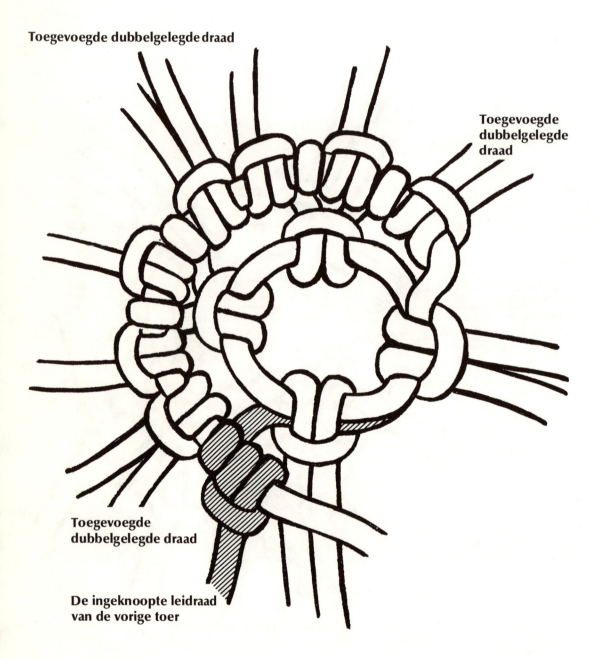

Toegevoegde dubbelgelegde draad

Toegevoegde dubbelgelegde draad

Toegevoegde dubbelgelegde draad

De ingeknoopte leidraad van de vorige toer

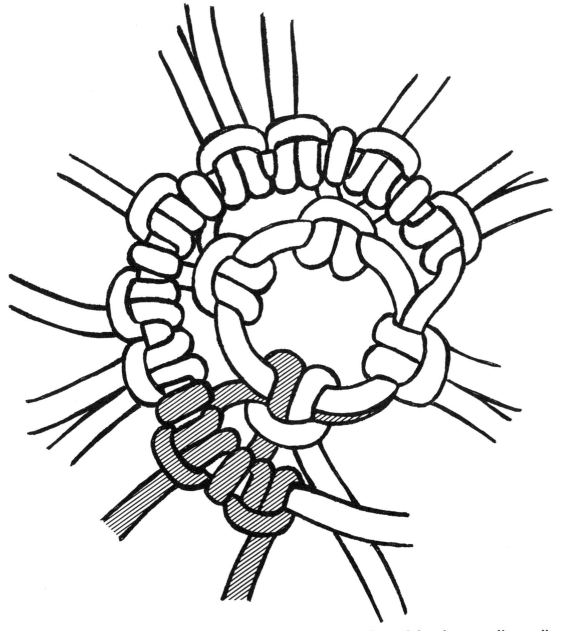

afb. 53   Nu moet u voortaan de werkdraadparen splitsen, die u tegenkomt

Na de tweede toer moet u twintig werkdraden hebben, met inbegrip van de leidraad (afb. 54). Bij deze tweede toer moet u goed stevig knopen en ervoor zorgen dat hij dicht tegen de opzet komt te liggen. Als u voor de vijfde maal een dubbelgelegde draad hebt aangeknoopt, zult u nog maar één werkdraad van de opzet overhebben, die om de leidraad wordt geknoopt met een ribbel- en een festonknoop. Van nu af aan gaan we de leidraad ook als werkdraad beschouwen, zodat het aantal draden toch een veelvoud is van twee.

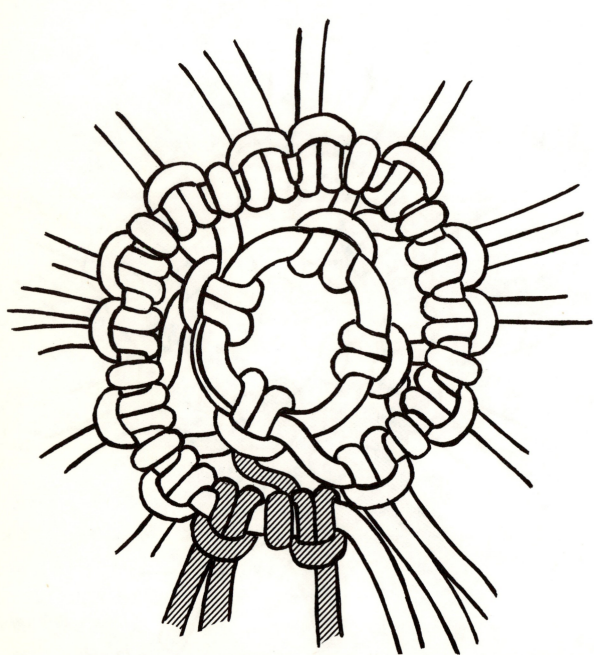

afb. 54 U hebt na de tweede toer, met inbegrip van de leidraad, 20 draden

Hierna gaan we door met de weitasknoop. We laten die, als in veel andere macramé knoopwerkjes, steeds bij de volgende toer verspringen. De eerste weitasknoop wordt gelegd met de tweemaal twee draden aan weerszijden van het einde van de tweede toer, waardoor deze aan begin en einde wordt verbonden. Knoop de overige vier weitasknopen om de cirkel (afb. 55).

afb. 55 Begin met de tweemaal twee draden aan weerszijden van de opening tussen begin en einde van de tweede toer, en leg daar een weitasknoop

Nu volgt er weer een toer weitasknopen. We verspringen echter, want we nemen telkens tweemaal twee draden van de vorige toer knopen (afb. 56).

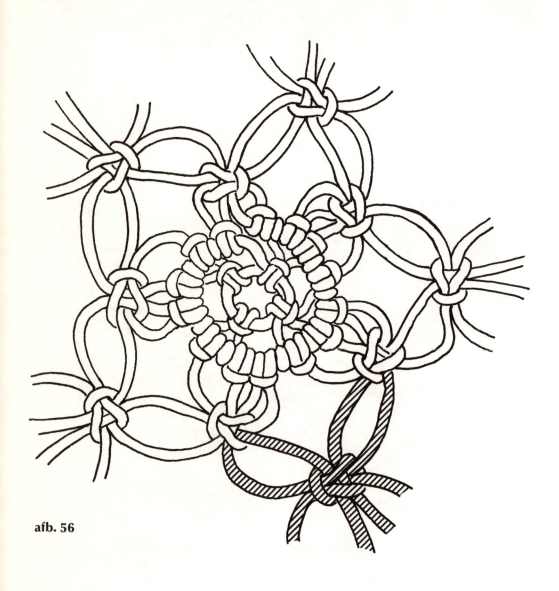

afb. 56

Vervolgens gaan we nog twintig werkdraden aan de reeds verwerkte toevoegen. We nemen telkens twee dubbelgelegde draden, die we door de lussen tussen de toeren weitasknopen halen, zoals op afb. 57 staat aangegeven.

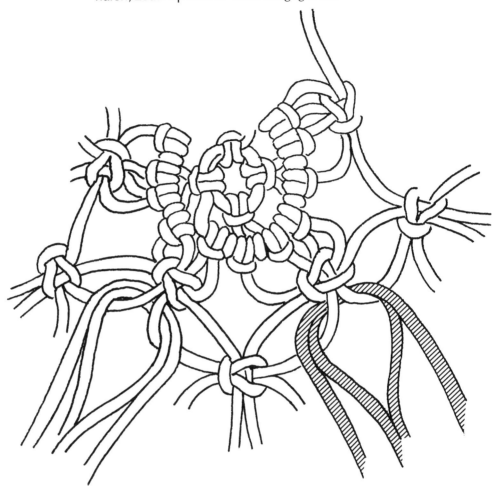

afb. 57 Twee dubbelgelegde draden worden door de lussen gehaald, zodat er per knoop vier bijkomen

Nu leggen we een weitasknoop in ieder stel van vier draden (afb. 58). Met de aldus ontstane 40 werkdraden moeten dan nog 2 verspringende weitasknoop-toeren worden geknoopt. Pas de afstand tussen de knopen en de spanning van de draden zo aan, dat het werk licht bol gaat staan. Voeg na de twee verspringende weitasknoop-toeren nogmaals 40 draden toe, net als de vorige maal (het aantal werkdraden wordt dan 80).

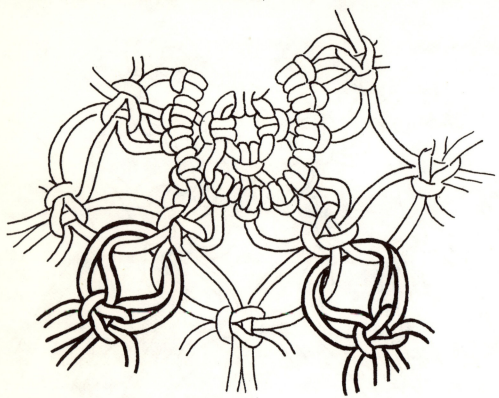

afb. 58 **De pas toegevoegde draden worden in weitasknopen gelegd**

De bol van de hoed wordt gedeeltelijk geknoopt en gedeeltelijk gevlochten. Er worden acht toeren vlechtwerk in verwerkt, die gelijkstaan met zestien verspringende toeren weitasknopen. Het vlechten gaat als volgt in zijn werk: eerst worden telkens twee draden van naast elkaar liggende weitasknopen uit de laatste toer samengevlochten (net als bij de gordel in hoofdstuk 6). Vervolgens knopen we een toer weitasknopen, waarbij we er op moeten letten dat deze precies onder de weitasknopen van de laatste toer boven het vlechtwerk komen te liggen (afb. 59). Deze weitasknopen verspringen dus wel met het vlechtwerk, want elk van de knopen van deze toer bestaat uit twee draden van de weitasknopen, grenzend aan de knoop waar ze onder komen te liggen. Terwijl we de acht toeren vlechtwerk maken zorgen we ervoor dat we steeds losser werken zodat de hoed wijder wordt (afb. 45).

afb. 59 **Een toer vlechtwerk is even breed als twee toeren weitasknopen**

afb. 60 Een geknoopte hoed met een heel brede rand

Na de laatste toer vlechtwerk knopen we twee toeren ten opzichte van elkaar verspringende weitasknopen en verdubbelen opnieuw het aantal werkdraden, door in de verbindingslussen tussen de laatste twee toeren weitasknopen 40 dubbele draden in te werken (dus 80 werkdraden).

Weer herhalen we het vlechtwerk viermaal. De rand van de hoed moet nu wijd gaan uitstaan doordat er meer draden zijn ingewerkt.

Vervolgens vlechten we een toer dubbel (afb. 61), dus tweemaal wat we normaal bij de enkele vlechttoer doen voordat er weer een toer weitasknopen volgt.

Hierna komen weer drie gewone toeren vlechtwerk en daarna een dubbele, afgewisseld met weitasknopen. Twee toeren ten opzichte van elkaar verspringende weitasknopen vormen de afwerking van de rand. Knoop vlak onder deze toer alle draden overhands af en knip de overtollige eindjes draad af.

afb. 61 Een toer dubbel vlechtwerk is even breed als drie toeren weitasknopen

Ook als kompleet handwerkpakket van Scheepjeswol verkrijgbaar

afb. 62   Een geknoopte schoudertas

8 EEN GEKNOOPTE SCHOUDERTAS

Benodigdheden en werkwijze Voor de tas zijn zevenenzeventig stukken middeldik macramékoord of ander materiaal van 2,15 m lengte en vier stukken van 7,5 m nodig. U knoopt dit model op een plank.

Zet de begindraad horizontaal midden op de plank vast. De werktekening van de tas vindt u op afb. 63.

afb. 63

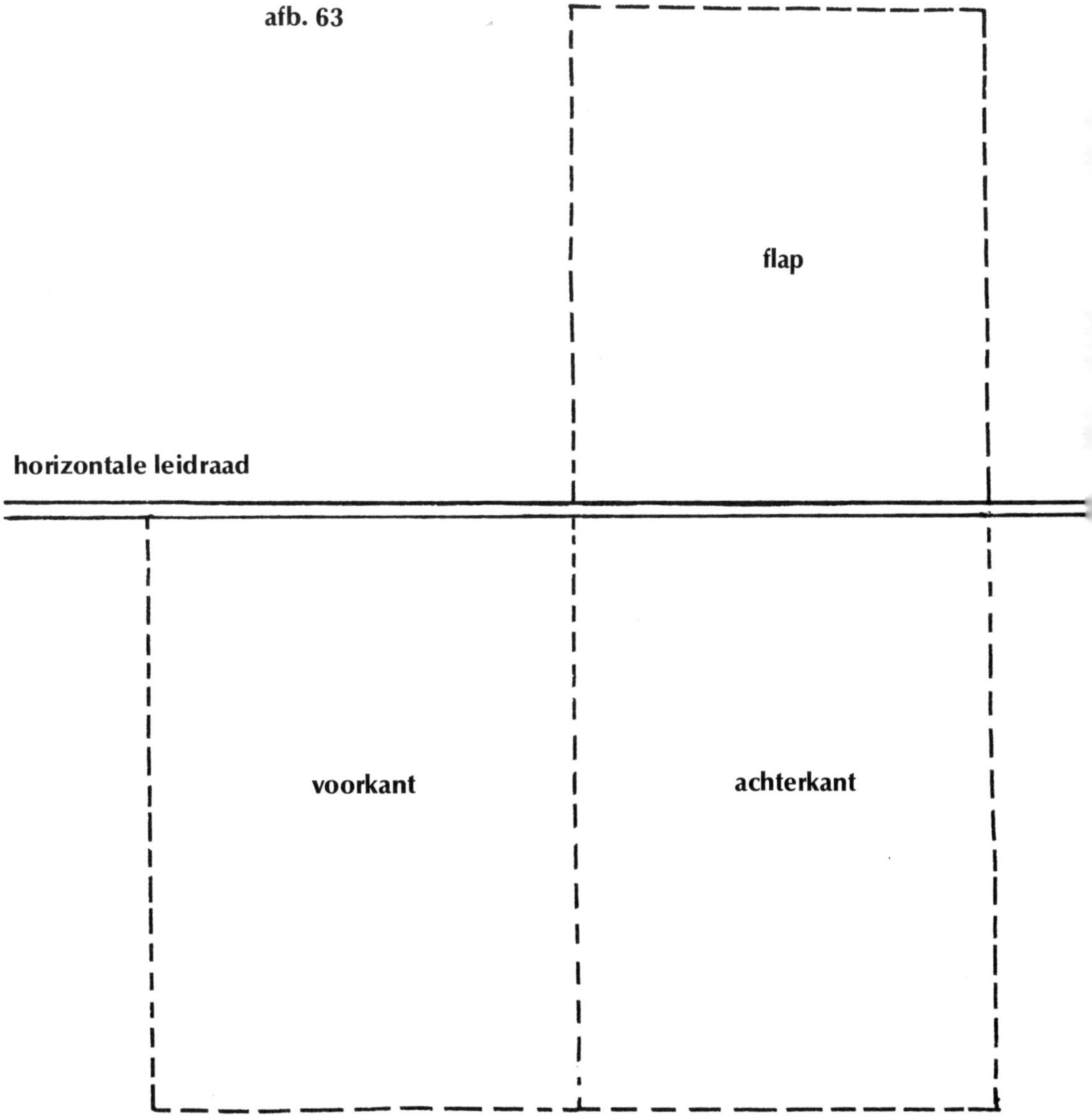

flap

horizontale leidraad

voorkant

achterkant

De opzet van de voorkant van de tas bestaat uit 24 dubbele draden, die aan de leidraad worden vastgezet. Met een tweede draad maken we naar boven tussen de 24 dubbele draden een toer frivolité-knopen, zodat de 24 dubbele draden op gelijke afstanden van elkaar komen (afb. 64). Aan het uiteinde van de frivolité-draad leggen we overhandse knopen en knippen de overtollige draadeinden af.

afb. 64

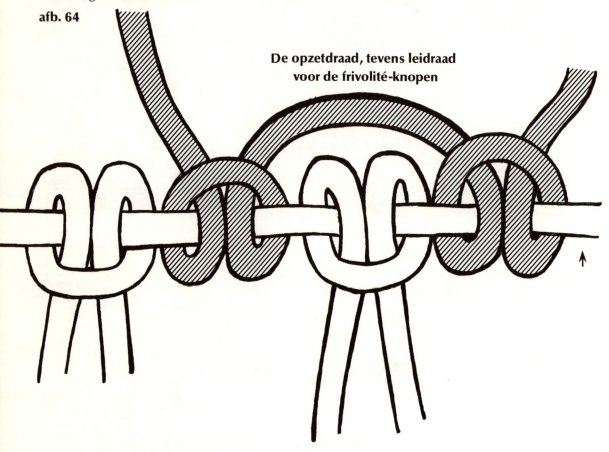

De opzetdraad, tevens leidraad voor de frivolité-knopen

De opzet van de achterkant van de tas bestaat uit 24 dubbelgelegde draden die met frivolité-knopen op de opzetdraad worden vastgemaakt. Tussen de knopen in worden in tegengestelde richting de draden voor de flap van de tas vastgezet (afb. 65). Nu bevestigen we een tweede horizontale leidraad op de plank, op ongeveer 1,75 cm onder de eerste, en werken hier met de ribbelknoop alle draden van de voor- en achterkant aan vast (afb. 66).

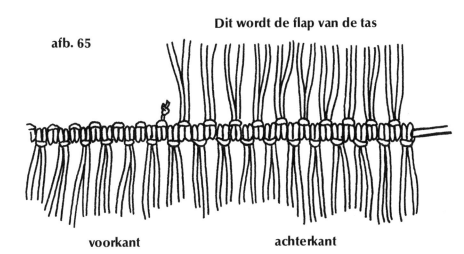

afb. 65 — **Dit wordt de flap van de tas**

voorkant   achterkant

afb. 66
Begindraad van de opzet

Tweede horizontale leidraad

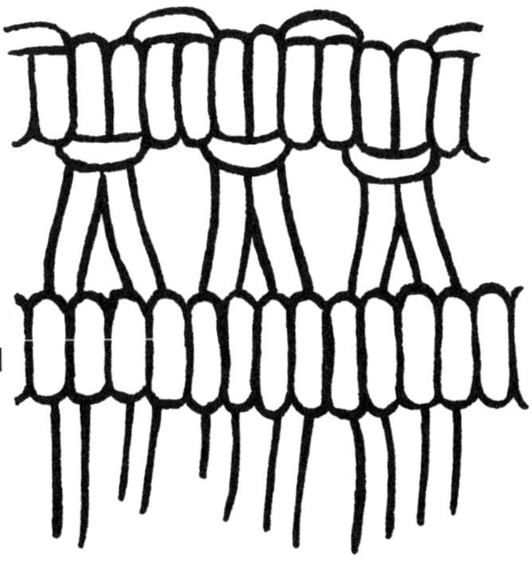

Langs de bovenkant van de tas loopt een rand met een kruispatroon. Dit wordt over 12 groepen van 8 draden herhaald. Het hindert niet of u aan een zijkant of middenin begint te knopen want het kruispatroon is overal hetzelfde. De beide buitenste draden van elke groep van 8 worden als leidraden gebruikt. De overblijvende draden worden in de ribbelknoop om deze draden heen gewerkt.

We leggen de rechtse draad schuin over de overige 7 van de groep van 8 (afb. 67) en werken er in de ribbelknoop achtereenvolgens de drie naastliggende draden omheen. Dan leggen we de linkse draad van de 8 kruiselings over de rechtse en werken er eveneens de drie naastliggende omheen (afb. 68). Vervolgens maken we met de linkse draad een ribbelknoop om de rechtse, en voltooien het kruis door de werkdraden om de leidraden te knopen (afb. 69).

We maken 12 van deze kruisen over de gehele breedte van de bovenkant van de tas. Daarna bevestigen we vlak onder de kruisen een derde horizontale draad op de plank en werken er met de ribbelknoop alle werkdraden omheen (afb. 70).

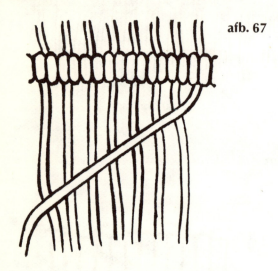

afb. 67

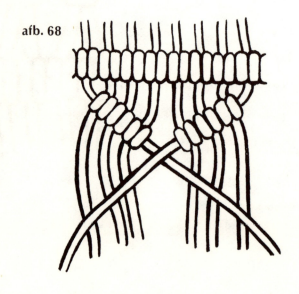

afb. 68

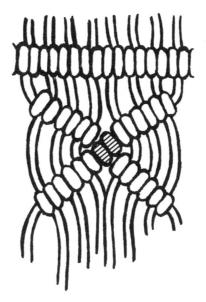

afb. 69   Met de ribbelknoop werken we de linkse leidraad om de rechtse waar ze elkaar kruisen

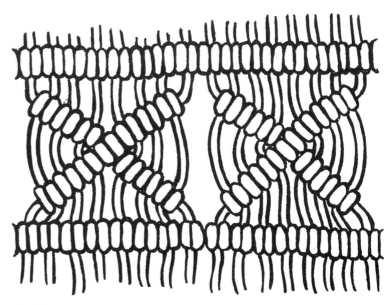

afb. 70

De tas zelf wordt in verspringende weitasknopen uitgevoerd. Tussen de toeren onderling laten we tussenruimten van ongeveer 1 cm. Omdat de kanten pas later worden afgewerkt laten we ze schuin toelopen (afb. 71).

Als de tas diep genoeg is - meestal is dat ongeveer 30 cm - werken we het model aan de onderkant af door de werkdraden met de ribbelknoop om een vierde horizontale leidraad te werken (afb. 72). Natuurlijk zetten we de draden aan de buitenkant die niet geknoopt zijn, niet vast.

Haal de tas van de knoopplank en vouw hem dubbel, zodat de voor- en achterkant op elkaar komen. Maak de drie of vier ribbelknopen aan de uiteinden van de bovenste drie leidraden iets losser en rijg de uiteinden van de leidraad door de ribbelknopen van het andere uiteinde (afb. 73). De arterieklem kan hierbij weer goede diensten bewijzen.

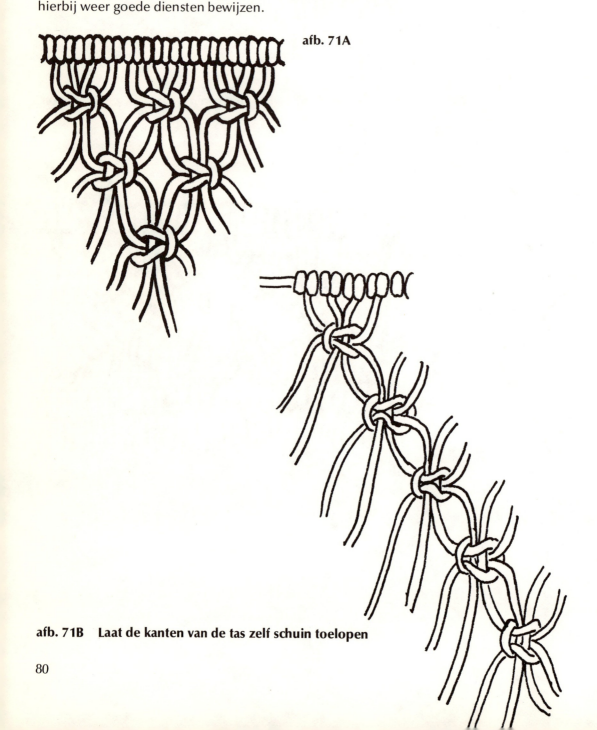

afb. 71A

afb. 71B Laat de kanten van de tas zelf schuin toelopen

afb. 72

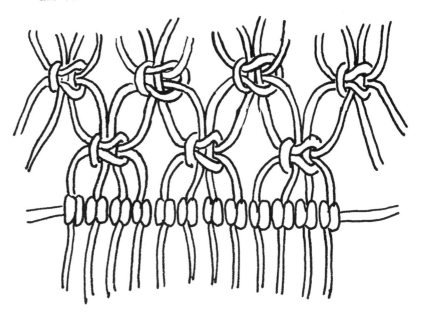

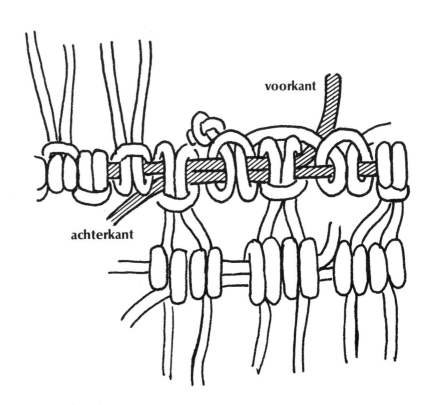

afb. 73 Rijg de uiteinden van de leidraden door de losgemaakte ribbelknopen

Knoop de einden van de leidraden af met overhandse knoopjes en knip de overtollige einden van de draad er dicht onder af. Om het stuk op te vullen dat open gebleven is doordat de kanten schuin toelopen, gaan we hier gewoon verder met de verspringende toeren weitasknopen, waardoor de zijkanten worden gesloten. Nu wordt de onderkant van de tas gesloten. Met

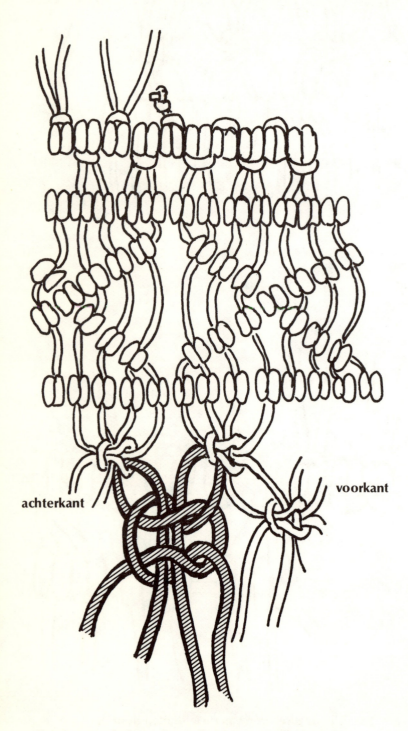

afb.74 De schuin toelopende hiaten worden gevuld

de ribbelknoop gaan we met een horizontale draad telkens bundels van vier draden bijeenknopen, twee van de voor- en twee van de achterkant van de tas (afb. 75). Daarna leggen we overhandse knoopjes in elke draad en knippen ze af op de gewenste lengte voor de franje.

afb. 75 Zo sluiten we de onderkant van de tas

We beginnen nu met de klep van de tas, die uit verspringende toeren weitasknopen bestaat. U ziet op afb. 76 hoe dit worden moet. We hebben voor deze klep 46 werkdraden. Dat aantal is niet deelbaar door vier. Om te vermijden dat de eerste toer asymmetrisch wordt, geven we met een gekleurd draadje precies het midden aan en knopen vlak naast dit midden aan beide kanten een weitasknoop. We werken van het midden uit naar de kanten. In totaal maken we tien knopen. Er blijven dan aan weerskanten drie niet gebruikte draden over. Om de buitenste twee draden werken we in de frivolité-knoop de binnenste draden als besluit van onze eerste toer. Bij de tweede toer laten we aan de zijkanten een werkdraad ongebruikt, zodat de weitasknopen gelijk verspringen (afb. 77). Herhaal deze twee toeren, totdat u er in totaal zes hebt. Dan beginnen we aan het inzetstukje, dat uit drie vierkanten bestaat, in een rechte hoek.

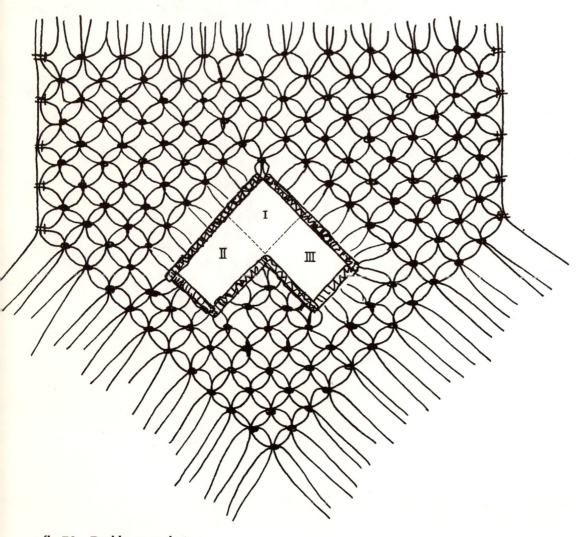

afb. 76 De klep van de tas

afb. 77

De overblijvende werkdraad van de 2e toer ↓

Als u het inzetstuk gaat knopen, moet u aan weerszijden gewoon doorgaan met het verspringende weitasknoop-patroon. Na onze zesde toer weitasknopen worden de middelste twee werkdraden van de klep de leidraden voor de randknopen van het inzetstuk, waar de drie werkdraden die aan weerszijden van de punt van het inzetstuk liggen, met de ribbelknoop omheen gewerkt worden (afb. 78). Terwijl we naast het inzetstukje gewoon doorgaan met de weitasknopen, nemen we telkens de twee overblijvende draden aan de kant van het inzetstukje op en werken die eveneens met de ribbelknoop om de twee leidraden, totdat er over elk van deze leidraden 11 werkdraden zijn geknoopt. Tien toeren vanaf de bovenkant begint de klep in een punt toe te lopen (afb. 76). Daartoe leggen we in de werkdraad naast de laatste weitasknoop telkens een overhands knoopje. Op de gewenste lengte voor de franje knippen we daarna de draad af.

We bepalen ons weer tot het inzetstuk. De zesde werkdraad aan weerskanten van het midden wordt nu de leidraad, waarmee het bovenste vierkantje aan de onderkant wordt begrensd. Eerst werken we in de ribbelknoop de vijf werkdraden die van links boven omlaaghangen, om de rechtse leidraad (afb. 79). Dan vlechten we er de vijf draden van rechtsboven door de linkse heen en werken ze stuk voor stuk om de linkse leidraad met de ribbelknoop (afb. 80). We sluiten het vierkantje door de linkse leidraad met een ribbelknoop om de rechtse te werken.

Nu zijn de vierkantjes links en rechts onder het bovenste aan de beurt. Voor het linkse gaan we de elfde linkse werkdraad vanaf de punt van het inzetstuk als leidraad beschouwen. We werken er met de ribbelknoop de vijf draden van rechtsboven omheen (dat zijn de draden die uit de linkeronderkant van het eerste vierkantje komen), zoals op afb. 81 te zien is. Dan vlechten we de van links omlaaghangende, overgebleven vier draden er doorheen en werken die in de ribbelknoop om de van rechtsboven komende leidraad (die uit de onderste punt van het bovenste vierkant ontspringt) waarna we weer de linkse leidraad met een ribbelknoop om de rechtse werken (afb. 82).

Het rechtse vierkantje wordt precies zo geknoopt (afb. 83).

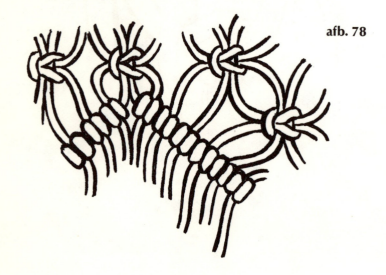

afb. 78

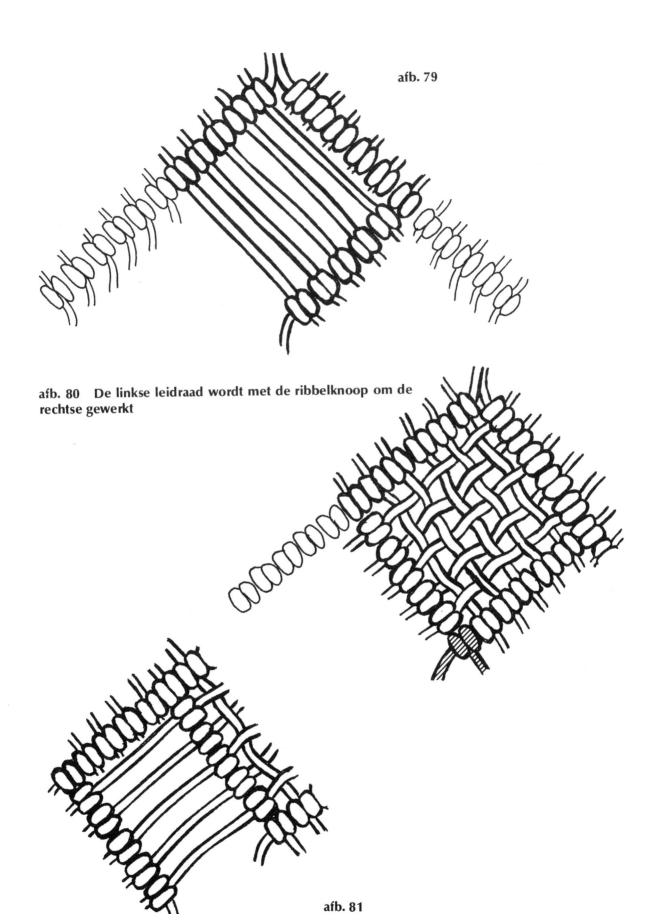

afb. 79

afb. 80 De linkse leidraad wordt met de ribbelknoop om de rechtse gewerkt

afb. 81

Het verspringende weitasknopen-patroon moet de ruimte tussen de twee onderste vierkantjes gaan opvullen en er opzij omheen gewerkt worden, terwijl we de klep puntig laten toelopen (afb. 76). De draden voor de schouderband van de tas worden met de frivolité-knoop aan de bovenste leidraad van de tas bevestigd (afb. 84). We kunnen er de patronen voor gebrui-

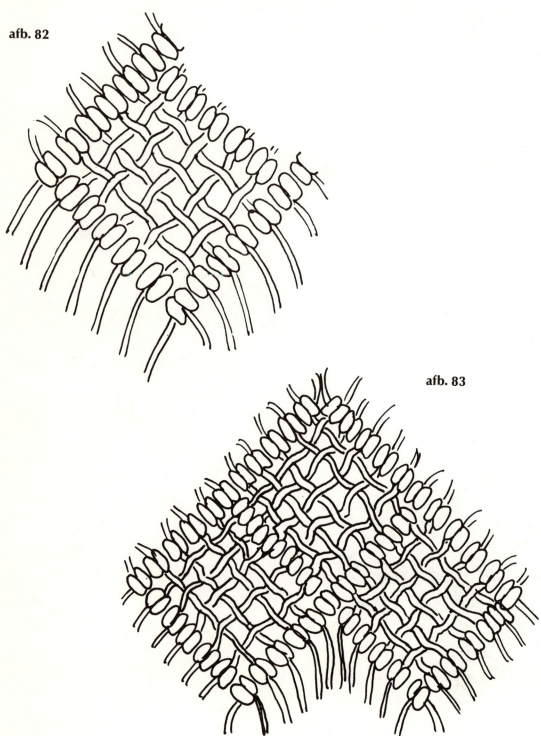

afb. 82

afb. 83

ken die we voor de smalle ceintuurs leerden, of de verspringende vertikale frivolité-knoop op toepassen (afb. 85).

Als de schouderband de vereiste lengte heeft (70 - 72 cm) hechten we deze aan de andere kant van de tas vast, zoals op afb. 86 staat aangegeven.

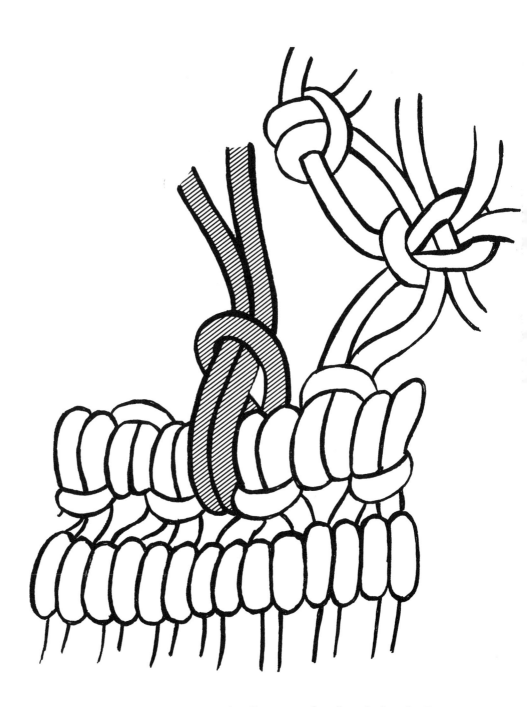

afb. 84   **We gebruiken voor de schouderband 7,5 m garen**

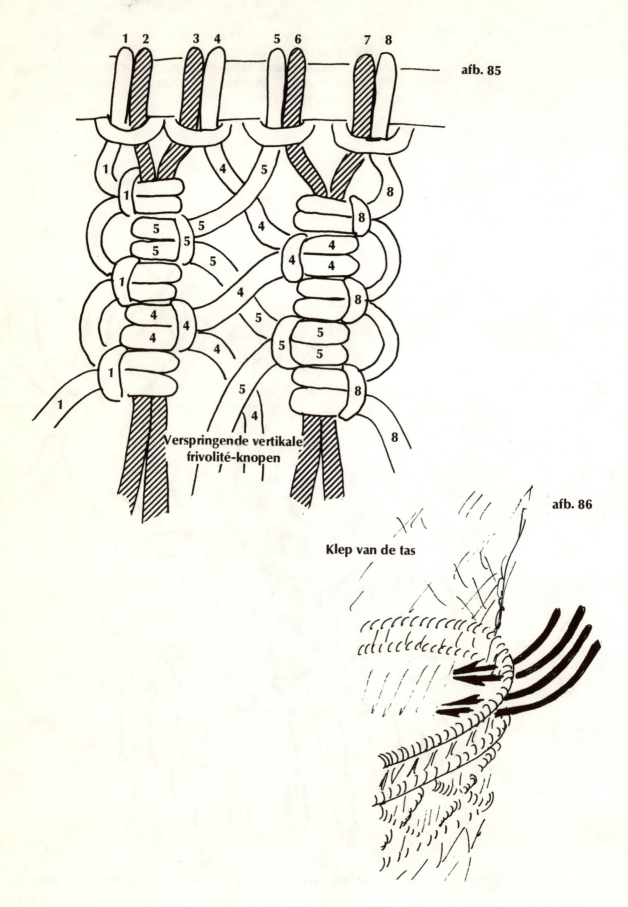

afb. 85

Verspringende vertikale frivolité-knopen

afb. 86

Klep van de tas

afb. 87 De open tas, waarbij de patronen van de klep en de voorkant goed te zien zijn

afb. 88   Een buidel met franje, gesloten met leren sluitstukken aan de sluitband

9 EEN BUIDEL MET FRANJE

Benodigdheden en werkwijze Voor deze buidel hebt u 80 stukken middeldik macramékoord of een ander materiaal van 3,05 m nodig, twee stukken vrij dik koord van 6,10 m en een stuk van 1,22 m.

Begin met vijf draden, net als bij de geknoopte hoed. Volg dezelfde werkwijze en voeg werkdraden toe tot u er in totaal 20 hebt. Knoop daarna twee toeren weitasknopen en voeg er nog 20 draden bij, zodat u er 40 krijgt en voeg na de volgende toer weitasknopen nog 40 draden toe. U hebt er dan in totaal 80. Knoop vijf verspringende toeren weitasknopen en voeg er nog eens 80 werkdraden aan toe, zodat er tenslotte 160 werkdraden zijn.

Daarna knoopt u twee verspringende toeren weitasknopen en hiermee is de bodem van de buidel klaar. De doorsnee is dan ongeveer 17 à 18 cm.

Vervolgens vlecht u de draden 1 maal door zoals bij de hoed is beschreven, gevolgd door 1 toer weitasknopen. Doe dit in totaal tweemaal en trek het werk iets aan, zodat het langs de rand van de bodem omhoog gaat staan. Verdeel daarna de werkdraden in vier groepen van 40 draden, waartussen u een merkteken aanbrengt in de vorm van een klein gekleurd draadje, om ze gemakkelijk te kunnen zien. Nu moet de wijdte van de buidel minder worden. Het aantal werkdraden moet daarom kleiner worden en de minderingen komen naast de scheiding tussen de draadgroepen, dus bij de merktekens. Dit zullen wij straks nader bespreken. Negen toeren vlechtwerk afgewisseld met toeren weitasknopen vormen de toelopende wand van de buidel. Bij iedere mindering worden er vier draden weggewerkt bij de merktekens, verdeeld over zes toeren.

Driemaal worden de eerste drie toeren herhaald, zodat er in totaal negen toeren vlechtwerk zijn. Hoe er geminderd wordt is aangegeven op afb. 91. We vlechten een toer en knopen een toer weitasknopen, waarbij echter bij de merktekens vier draden met overhandse knopen worden samengebonden en naar buiten worden gelegd, bij wijze van franje. Weer vlechten we een toer en knopen een toer weitasknopen en ditmaal knopen we de hele toer uit tot de merktekens, waarna we boven de laatste weitasknoop de vier draden naar buiten leggen als franje. Daarna vlechten we een toer en knopen een toer weitasknopen zonder te minderen.

Na negen toeren zullen er nog maar 64 werkdraden zijn inplaats van 160. Tenslotte laten we de vier dradengroepen in punten uitlopen. Deze punten knopen we in verspringende toeren weitasknopen. De punten worden afgewerkt zoals de klep van de tas in hoofdstuk 8.

afb. 89   Een ronde bodem, waarop de wand van de buidel omhooggeknoopt wordt

afb. 90   Een buidel met franje (zijaanzicht)

We nemen nu het stuk garen van 1,22 m en halen dit door het vlechtwerk van de 8e toer, als trekkoord voor de buidel. In een houtje of een stukje leer maken we twee gaatjes en halen daar de uiteinden van het trekkoord door, waarna we er op franjelengte een overhandse knoop in maken en het koord uitrafelen.

Hierna steken we van buiten naar binnen tegenover de plaats waar dit houtje zit, de twee draden van 6,10 m door het bovenste vlechtwerk vlak onder het trekkoord. We leggen ze naar buiten dubbel en verkrijgen zo weer vier knoopdraden, waarmee we een weitasknoop en een rechtse weitasknoop knopen, net als bij onze vroeger gemaakte ceintuur B uit hoofdstuk 4. De aldus gevormde band bevestigen we aan de binnenkant van de opening van de beurs, vlak bij het punt waar we hem begonnen; de resterende draden trekken we door het vlechtwerk naar buiten. We knopen de twee paar draden overhands vast en knippen het overschot op franjelengte af. Als we liever een band in twee delen met sluitstukken en een gesp willen, moeten we de draden halveren, op twee plaatsen vlak bij elkaar dubbel aanhechten, twee stukken band knopen en de draden door de gaten in de sluitstukken halen en afknopen.

afb. 91

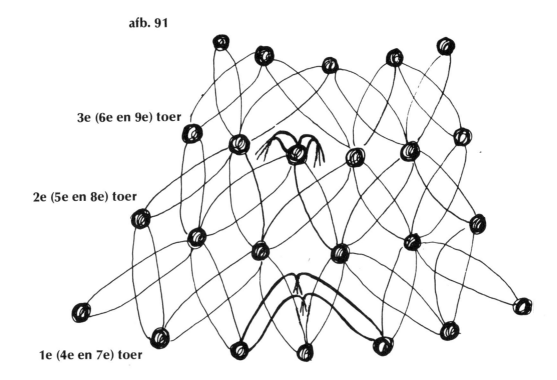

3e (6e en 9e) toer

2e (5e en 8e) toer

1e (4e en 7e) toer

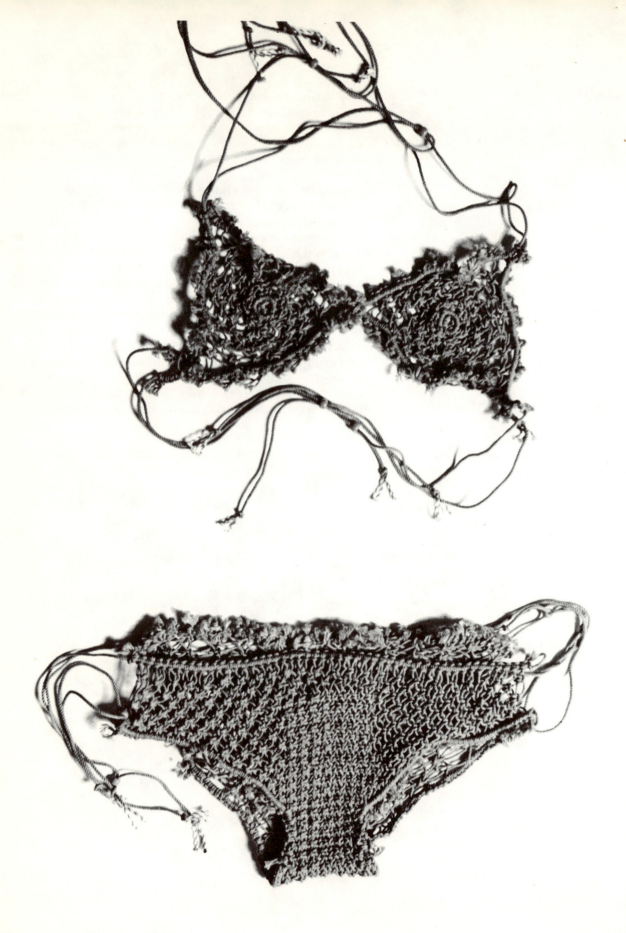

afb. 92   Een geknoopte bikini

10 EEN GEKNOOPTE BIKINI

Benodigdheden en werkwijze Hiervoor zijn vijftig stukken macramékoord of dikke breikatoen van 4,30 m lang nodig en 6,10 m in een dikkere kwaliteit (in dezelfde kleur) en zeven kralen in een kontrasterende kleur of in een kleur die er goed bij past. We werken dit model op een knoopplank. Ons patroon is geschikt voor maat 36 t/m 40.

Het bovenstuk: knip tien stukken garen van 4,30 m in vieren, zodat u 40 draden krijgt; voor iedere cup van de beha 20. Knoop de opzet net als bij de hoed in hoofdstuk 7 tot u 20 werkdraden hebt. Knoop dan twee verspringende toeren weitasknopen en trek de draad strak, zodat het werk ietwat bol gaat staan, zodat het om het lichaam past. Voeg dan de overblijvende 10 draden toe en knoop in weitaspatroon verder tot de cup de vereiste maat en vorm heeft. Maak de tweede cup precies zoals de eerste.

Voor de afwerking knippen we van het dikkere garen twee stukken van ca. 1,50 m. Eén ervan komt langs de halsuitsnijding en de andere langs de onderkant van de beha. Twee stukken koord van ± 30 cm vormen de zijkanten van de enigszins driehoekig gevormde cups. Hoe de werkdraden aan deze randleidraden worden bevestigd en afgewerkt kunt u zien op afb. 93.

We knopen de werkdraden eromheen in ribbelknopen gevolgd door festonknopen en vullen de rand geheel op met frivolité-knopen. We leggen overhandse knoopjes in de werkdraden, die we er vlak onder afknippen (afb. 93 en 94).

De leidraden langs de zijkanten worden van het dikkere garen gemaakt, net als de andere randleidraden. Ze worden net zoals deze, aan de zijkanten van de cups gewerkt. Ontmoet u de leidraad langs de onderkant van de cups of de draad langs de halsuitsnijding, dan knoopt u met de laatste, korte stukjes werkdraden (of met overgebleven restjes) nog ca. 1,25 cm weitasknopen om de samengelegde leidraden heen, waarna de resten van de zijleidraad worden afgeknipt.

afb. 93

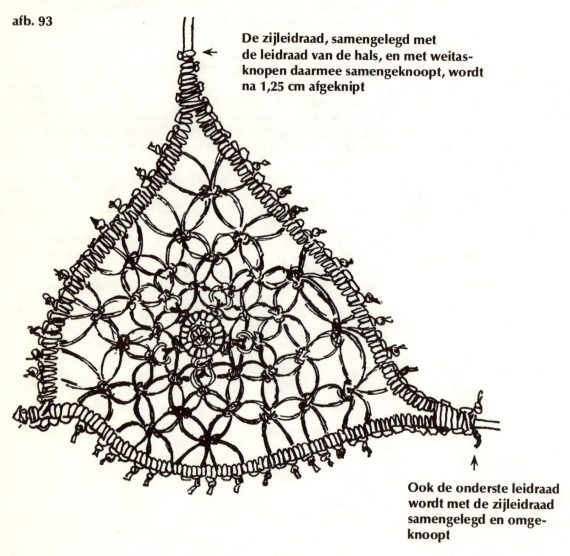

De zijleidraad, samengelegd met de leidraad van de hals, en met weitasknopen daarmee samengeknoopt, wordt na 1,25 cm afgeknipt

Ook de onderste leidraad wordt met de zijleidraad samengelegd en omgeknoopt

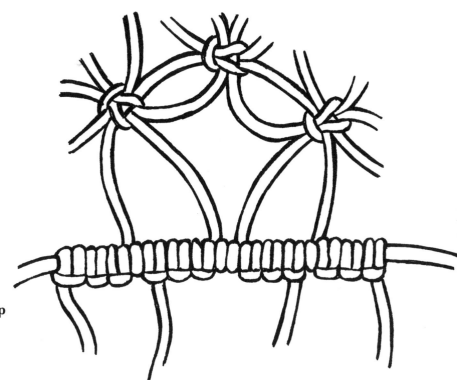

afb. 94

Zijleidraad van het dikkere garen, omgeknoopt in ribbel-, frivolité- en festonknoop

Rijg de koorden voor nek en achterkant door kralen, zodat de beha gemakkelijk kan worden aangetrokken en bevestigd, louter en alleen door de koorden meer of minder strak aan te trekken (afb. 95).

afb. 95

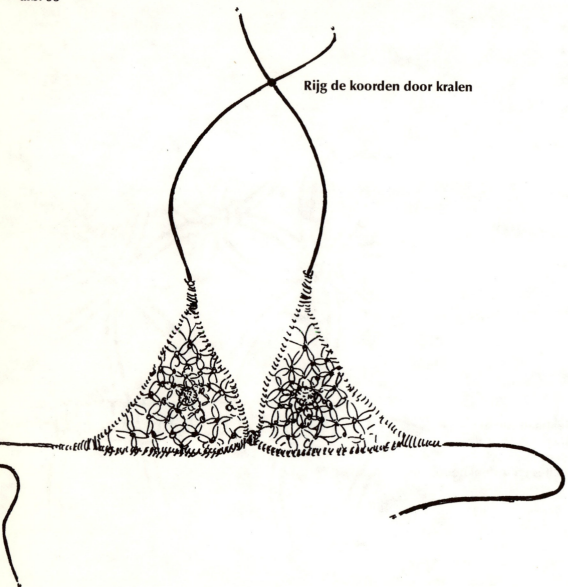

Rijg de koorden door kralen

Voor het broekje van de bikini nemen we de knoopplank erbij. De spijkertjes, die we erop vastzetten moeten net zo worden geplaatst als op afb. 96 te zien is.

Als horizontale leidraad voor de bovenkant van de voorkant nemen we het dikkere garen. We zoeken het midden hiervan op en bevestigen met de frivolité-knoop aan weerszijden hiervan twaalf draden van 4,30 m lengte. We wisselen ze af met tussenknopen om ze op gelijke afstand te houden, net als bij de opzet van de voorkant van de tas in hoofdstuk 8. Bevestig dan nog twaalf draden van 2,15 m links en rechts van de middenopzet eveneens met tussenknopen in frivolité. Knoop een toer weitasknopen op 1,25 cm afstand van de horizontale leidraad,

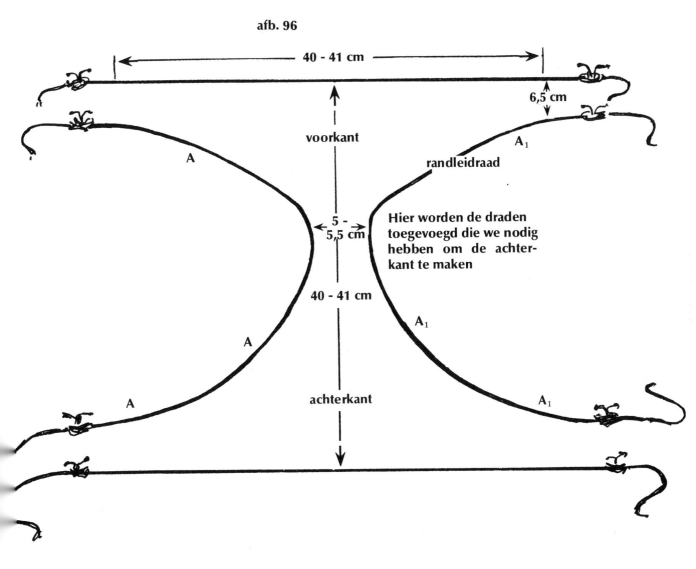

afb. 96

gevolgd door twee verspringende toeren weitasknopen die ca. 1 cm onder elkaar liggen. We moeten echter oppassen, dat de draagster van de bikini niet op het strand in haar kraag gegrepen wordt, omdat er teveel bloot vertoond wordt, dus van nu af aan wordt het middenstuk met het kruis wat dichter bij elkaar geknoopt in verspringende toeren weitasknopen. De knopen van het middengedeelte en het kruis moeten ongeveer tweemaal zo dicht bij elkaar liggen als de knopen van het omringende patroon. Hoe het uiteindelijk moet worden, ziet u op afb. 97. Als u strakker en dichter bij elkaar gaat knopen, moet u toch op gelijke hoogte blijven met de overige toeren die om het dichtgewerkte stukje heen zitten.

U werkt gewoon in verspringende weitasknopen de volgende toer af tot u bij de acht draden in het midden komt. De 2 weitasknopen die nu volgen, moeten vlak onder de vorige toer komen

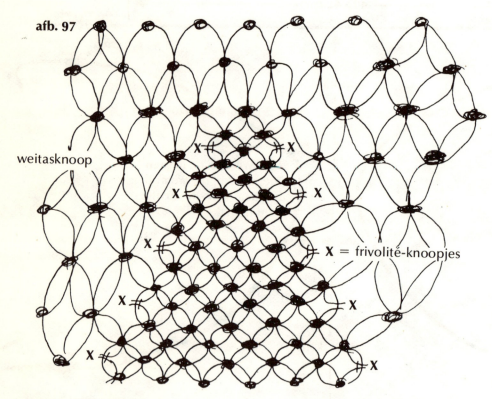

afb. 97

weitasknoop

X = frivolité-knoopjes

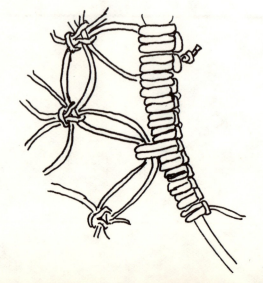

afb. 98 De overblijvende werkdraden aan de zijkanten van het kruisje worden "meegenomen" onder het leidraadfrivolité

te liggen. Om gelijk te blijven met de rest van onze toer, knopen we een verspringende weitasknoop vlak onder deze twee. Er blijven dan links en rechts twee ongebruikte knoopdraden hangen. U werkt de binnenste in een frivolité-knoop (afb. 97 bij X) om de buitenste heen, knoopt daarna weer 2 verspringende knopen en werkt de oorspronkelijke toer af waarmee u bezig was. Voordat u echter weer een hele toer terug werkt, legt u in het middengedeelte weer verspringende knopen, maar inplaats van 1, worden dit er 3, eronder verspringen met 2 en loshangende zijdraden afwerken met frivolité-knopen als boven. Vervolgens over de gehele breedte de volgende toer knopen. Zo vergroot u telkens het aantal draden van het dichtgeknoopte kruisstukje, tot u er in totaal 24 heeft.

Intussen moeten we ook, ca. 6,5 cm van de bovenste leidraad, beginnen met het afschuinen van het werk naar het kruisje, zoals aangegeven is op afb. 96. Langs de spijkertjes bij de lijnen A en A_1 legt u een leidraad die u vastzet, van het dikkere garen. U heeft er ca. 77 cm voor nodig aan elke kant. Zodra u bij deze leidraad komt, hecht u de werkdraden af op de gewone wijze: 1 frivolité- en 1 festonknoop om de leidraad, de werkdraad overhands afknopen en afknippen.

Natuurlijk zetten we het dichtgewerkte stukje voort door het gehele kruisje. We laten de laatste werkdraad links en rechts hiervan, die dus eigenlijk net als de andere afgeknoopt en -geknipt zouden moeten worden, hangen en beginnen er de leidraden langs het kruis mee af te werken met frivolitéknopen, gevolgd door festonknopen.

Bij het verspringen van de knopen over de 24 draden van het kruisje blijven er om de andere toer telkens twee werkdraden aan de zijkanten over, die dan "meegenomen" worden onder een van de frivolitéknopen van de zijleidraad, zodat er langs deze leidraad geen gaatjes ontstaan.

Als het kruisje lang genoeg is gaan we weer draden toevoegen om de achterkant te maken. Aan de randleidraden A en A_1

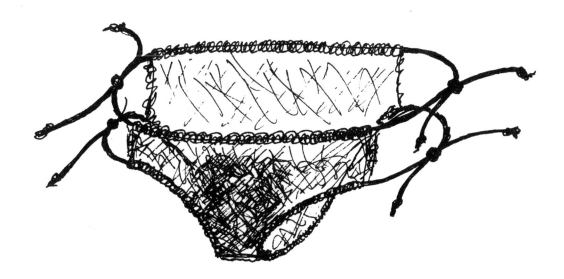

afb. 99 Zo bevestigen we het broekje van de bikini

worden dan geleidelijk nieuwe stukken garen van 2,15 m vastgehecht (afb. 96). We gaan hiermee weer verspringende toeren weitasknopen maken in een open patroon, althans, zo open als de draagster verkiest (afb. 100). Het broekje wordt afgewerkt met frivolitéknopen gevolgd door festonknopen om de tweede horizontale leidraad, die de bovenkant van het achterpand vormt. Daarna knopen we ze overhands en knippen we ze af. De randleidraden (het dikkere garen) blijven uitsteken. We knippen ze niet af, evenmin als de twee horizontale leidraden. Ze vormen de zijsluiting van de bikini. Daartoe halen we ze door kralen, als aangegeven op afb. 99.

afb. 100   Voor- en achterpand van het broekje van de bikini

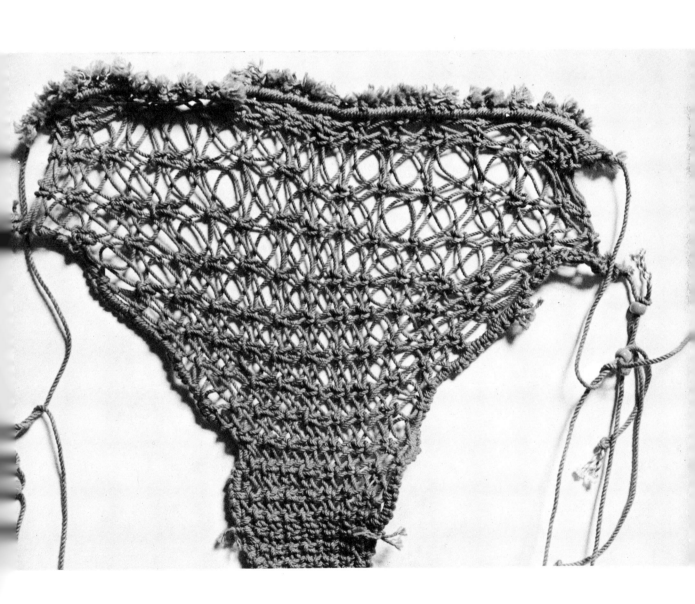

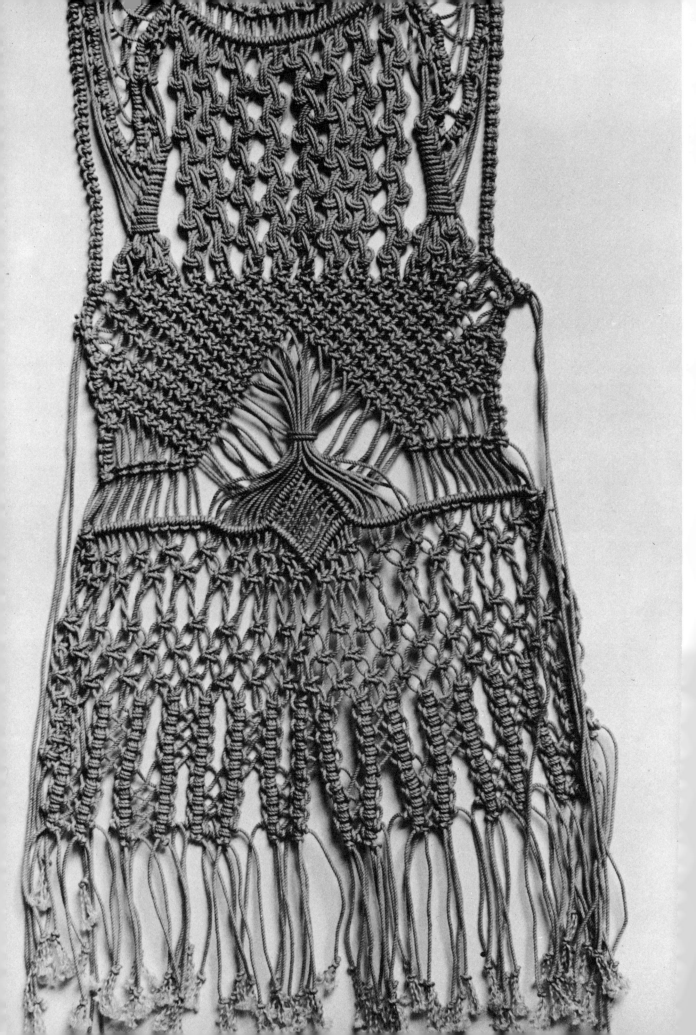

11 VESTEN EN JAKKEN VAN MACRAMÉ

De meeste vesten en jakken vragen ca. 700-900 gram macramékoord, dat in stukken van gemiddeld 4,30 m wordt geknipt. Wilt u een uitzonderlijk nauw of lang patroon maken, dan neemt u natuurlijk naar verhouding grotere draadlengten. Een zwaardere kwaliteit garen kan ook gemakkelijk door kralen worden gehaald en we werken in de praktijk ook wel met kralen waar twee draden (eventueel in tegengestelde richting) doorheen gehaald worden. We werken met ronde of langwerpige kralen, naar verkiezing.

Ik heb zelf eens een jak van nylongaren geknoopt. Dit ging iets moeilijker dan met katoenen garens.

Het grote geheim om een vest of jak goed en regelmatig te knopen, ligt in het gebruik van de knoopplank. U hoeft er de voor- en achterpanden maar op aan te geven, die u dan van leidraden voorziet. Tussen deze leidraden kunt u de ruimte net zo opvullen als u wilt. Het handigste is, net zo te beginnen als op afb. 102 is aangegeven.

afb. 102

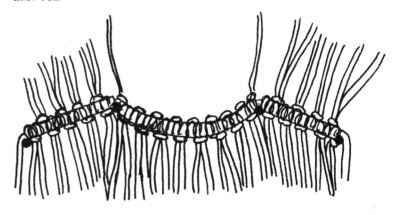

afb. 101   Achterpand van een vest met een V-hals

Ellen en ik knopen altijd volgens twee vaststaande patronen: een kort model, dat los openhangt aan de voorkant, maar dat wel aangesloten moet zitten en goed moet passen. Als variatie hierop kwam Ellen op een dag met het idee, het voorpand gesloten te houden met een V-hals, en het opzij met veters of koorden te sluiten. Dit past (en staat) de meeste mensen beter, ook de grotere maten.

Hoe we dan de knoopplank gereed maken kunt u op afb. 103 en 104 zien.

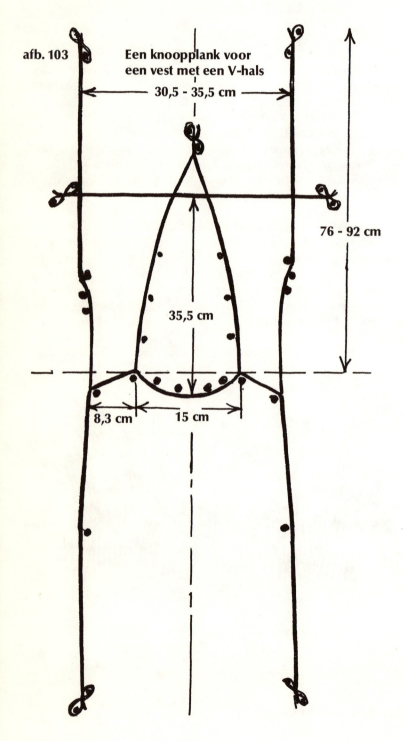

afb. 103   **Een knoopplank voor een vest met een V-hals**
30,5 - 35,5 cm
76 - 92 cm
35,5 cm
8,3 cm   15 cm

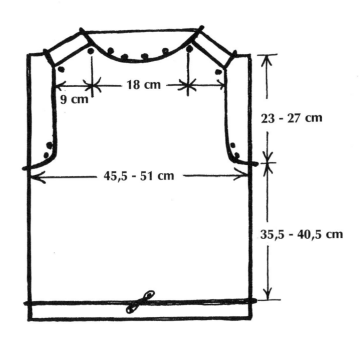

afb. 104   Voorkant en achterkant op de knoopplank opgezet;
dit is een gewoon vest met open loshangende voorkant

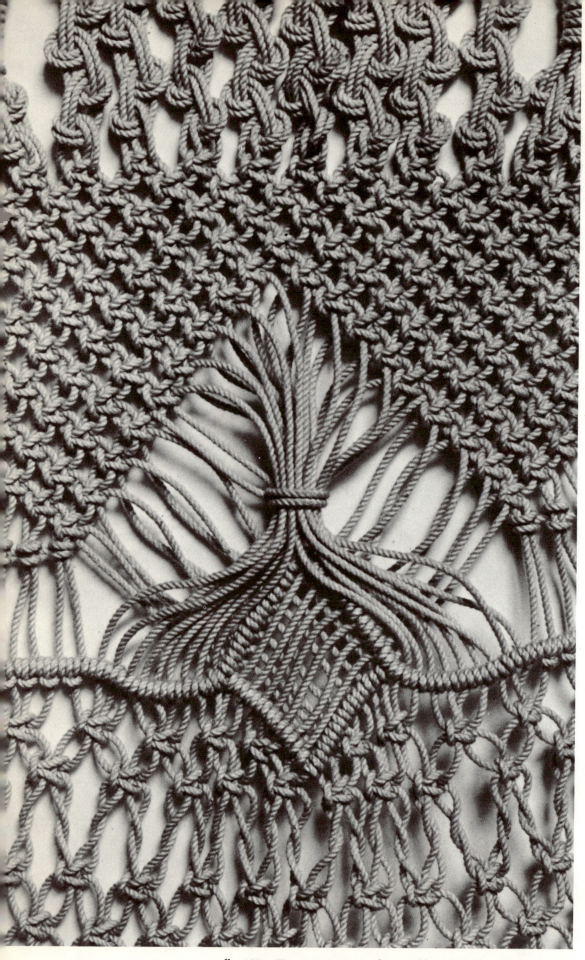

afb. 105 Twee opengewerkte stukken knoopwerk voor een vest. Het linkse patroon is dat van het vest op afb. 101

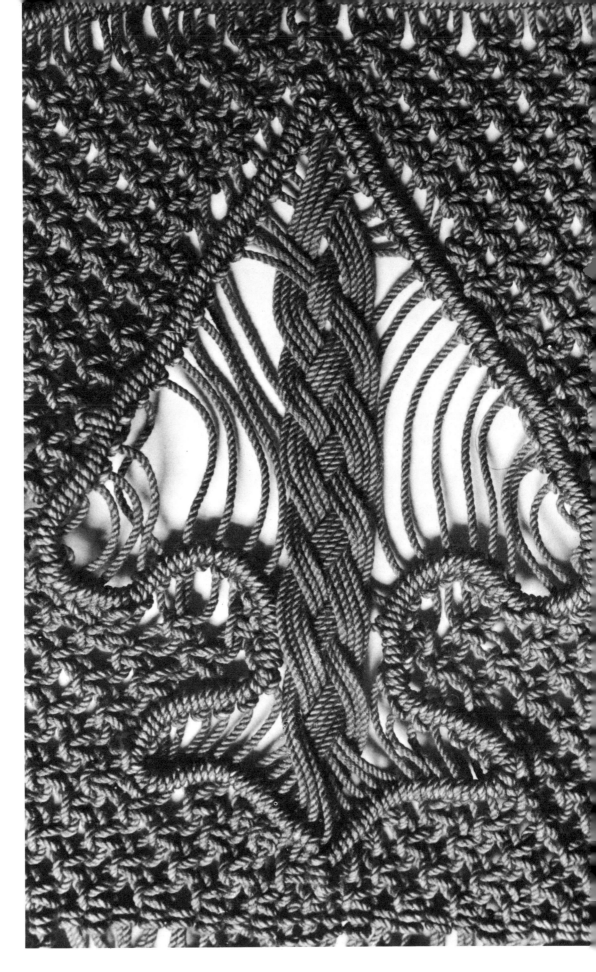

afb. 106   Nog twee ideeën voor vest- of jakpatronen

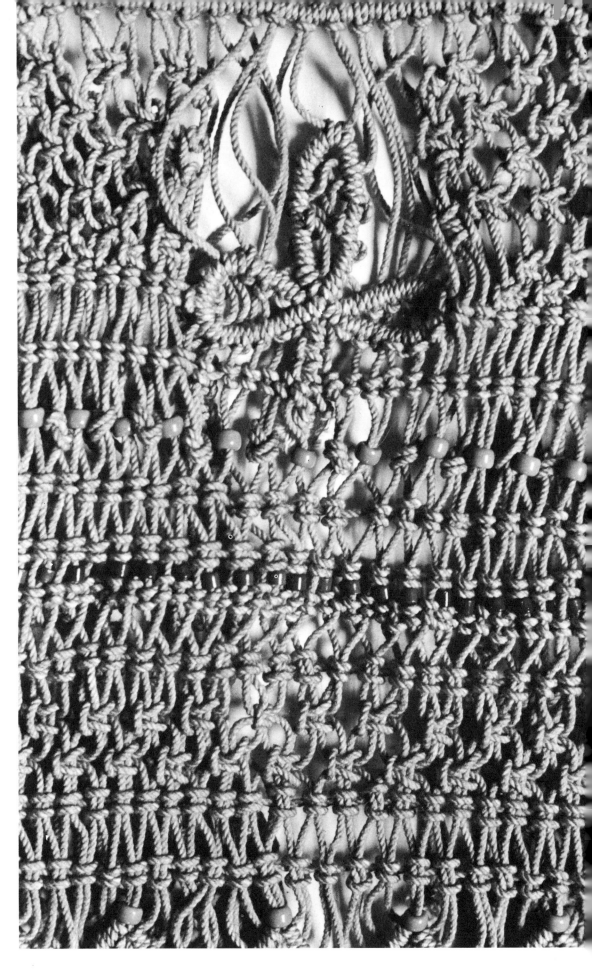

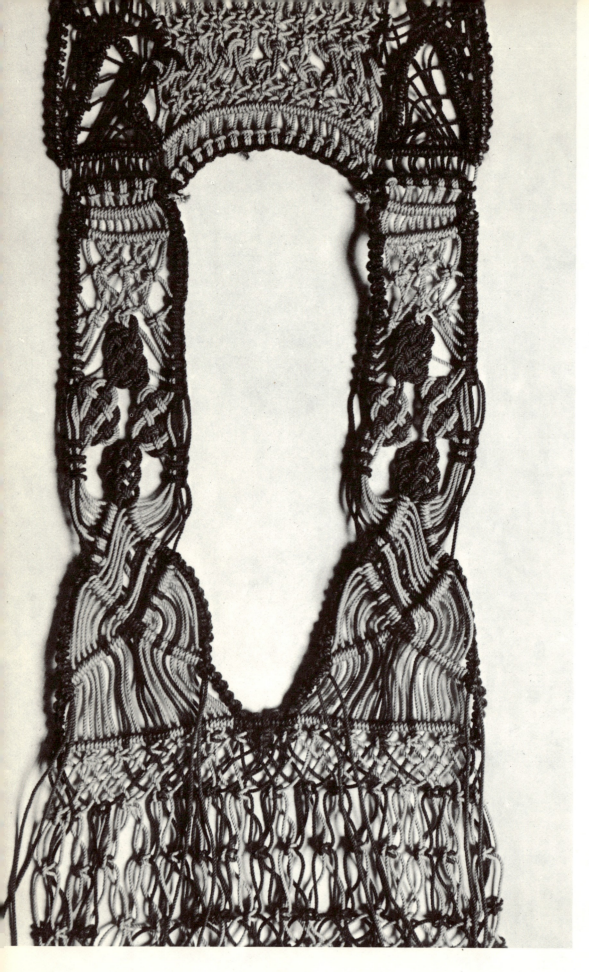

afb. 107   De schouderpartij van een macramé-vest

12 ENKELE LOSSE OPMERKINGEN

U kunt de tot nu toe geleerde knopen op alle mogelijke werkstukjes van macramé toepassen. Het ontwerpen van het rugpand van een vest of jak verschilt bijvoorbeeld bijna niet van het ontwerpen van een wandkleed. Als u het leuk vindt - ik hoop van niet - kunt u zelfs tafelmatjes knopen.

Veel van de bestaande knopen zijn niet aan de orde gekomen. De meeste kunnen het beste van een tekening worden nageknoopt. Als u ze niet vaak toepast, hoeft u ze niet persé allemaal uit uw hoofd te kunnen knopen. U kunt ze even goed bekijken en oefenen als u ze op een gegeven ogenblik wilt maken.

Om u op weg te helpen volgen hier een paar afbeeldingen van knopen, die we met dubbele draden platgelegd op de plank of een andere ondergrond knopen. Sierknopen en -vlechten bestaan uit twee symmetrisch geknoopte helften, die zo dooreengeweven zijn, dat ze bijzonder dekoratief aandoen.

Knoop ze echter op een plaats waar er weinig trekkracht op komt te staan; anders knoedelen ze helemaal in tot onooglijke propjes. Ik zou u tenslotte willen aanraden, als u - aangemoedigd door de voorbeelden in dit boek - meer aan macramé gaat doen, een goed en uitgebreid boek over het knopen aan te schaffen.

afb. 108 de josefineknoop

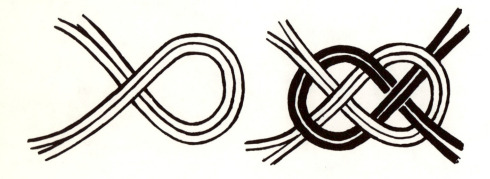

afb. 109

afb.110 de Lupéknoop

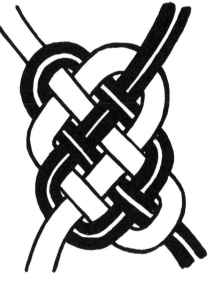

afb. 111 fantasievlechtwerk

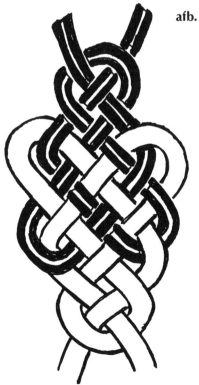

Cantecleer Hobby boekjes

Met de Cantecleer hobby boekjes bieden wij praktische handleidingen voor iedereen, die zelf mooie dingen wil maken.
De boekjes zijn zo geschreven, dat duidelijk wordt aangegeven wat men nodig heeft en wat men doen moet, zodat niemand moeite zal hebben de werkwijze te volgen; de vele foto's en werktekeningen verhelderen de tekst.